JN066009

実務のための

「機械学習」と「AI」

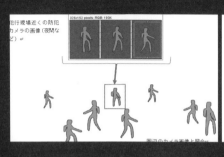

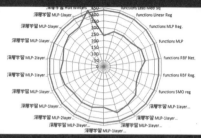

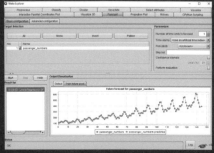

キュウリの病害

はじめに

　現在では、「医療分野」「事前予測システム」「猛暑予測システム」「気象災害予測システム」など、「機械学習」や「AI」は、当たり前のように実社会に溶け込んできています。

　そして、AIの専門家でなくとも「自前のパソコンで、できれば無償でAIを実務で応用したい」と思っている方は少なくありません。

　ですが、「難しそう」と、まだまだ「機械学習」「AI」のハードルは高く感じられています。

*

　本書は、こうした現状を踏まえ、「AIが専門でない技術者や研究者」など、さまざまな分野の人が、実際に「機械学習」「AI」を使って、実務に活用できることを考えて執筆したものです。

和田　尚之

実務のための「機械学習」と「AI」

CONTENTS

【 本書で使うソフトウェア 】

・Weka

　Weka-3-8-5（安定板）、2021 年 3 月末現在。

　ニュージーランドのワイカト大学で開発された機械学習ソフト。

　データを用意することで、さまざまな機械学習アルゴリズムが実行できる。

（研究開発者用版を使いたい方は、「Weka-3-9-5」がありますが、安定板とほぼ
同じです）。

・RapidMiner

　RapidMiner Studio 9.8、2021 年 3 月末現在。

● これから「Weka」を使っていきたいという方には、下の既刊書をお勧め
します。

・機械学習コレクション Weka 入門、工学社、2019.8.30.

● 自前のパソコンでクラウドコンピュータを使わずに、画像処理、音声処理、
言語処理、解析の視覚化処理などをしたいという方向け。

・「機械学習」と「AI」のはなし、工学社、2020.9.25.

第1章

データの構造

「機械学習」「AI」を効率的に使っていくには、膨大なデータをやみくもに入れればいいというわけではありません。

もちろん、多くのデータがあることで、「人間」が気が付かなかったことを抽出してくれることはたくさんあります。

しかし、学習によってはじき出された結果の意味するところを見落としてしまえば、せっかくの計算も意味がありません。

「機械学習」「AI」では、データの数はとても重要ですが、計算によって知りたいものが何であるのかをきちんと事前に把握して、データ数を抑えるということもとても大切なことです。

Big Data

「ビッグデータ」の定義は、学会や国の総務省でも大きく括って学際的に明確な定義と言えるものはないようです。

ですが、参考文献 01 にアメリカのオバマ大統領が 2012 年に「Big Data Research and Development Initiative」を開始したときに使われたことで広く世に広まった概念であると解説しています。

＊

データのサイズのどこからかは詳細な定義はありませんが、「従来の方法では解析が困難なほどの大規模で複雑な蓄積データ」と追加説明がなされています。

■ 日常の中のビッグデータ

現在の日常の中では、インターネットやスマホなどから多くの情報を得ることができます。

その集積されたデータ群もいったいいくつあるのかも分かりにくいほどの膨大なビッグデータと言えますし、利用者の端末の位置情報も「ビッグデータ」として災害などに活用されています。

この他にも、「地図情報」「公共サービスの情報」「気象情報」「マーケット情報」などさまざまな分野に多岐にわたっています。

本章の主題を明確にしていくために、データを**「構造化データ」**と**「非構造化データ」**という視点から捉えてみましょう。

■ 構造化データと非構造化データ

図 1-1　大きなデータ Weka の「supermarket.arff」

　図 1-1 は、「Weka」（ウェイカ）に実装されている「supermarket.arff」というスーパーマーケットで何が購入されたかを購買者 4627 人と購買対象の商品 217 品のデータです。

　単純には「4,627 × 217=1,004,059」という 100 万のデータです。

　Weka 用の「arff ファイル形式」でのデータファイルですが、これを単純に Excel で「csv 形式」にしたデータファイルでは動作しません。
＊
　「構造化データ」は、Excel などによって「行」と「列」などの一定の構造規則をもつデータで、「文書」「メール」「写真」などの「静止画像」や「動画」などは**非構造化データ**と呼んでいます。

　Web などでは、こうした「非構造化データ」と「構造化データ」を総称して「ビッグデータ」と呼ぶなどの解釈がされていたりします。
　ですが基本的には、その**データの量の膨大さ**によって、「ビッグデータ」と呼んだほうがイメージしやすいのではないかと思います。

■ よく分からないデータを視覚化して考える突破口を作る

先のデータは、100万のデータ量をもちますが、データからはほとんど何がどうであるのかは分かりません。

このような場合は、視覚化することで解析の突破口を見つけ出すことができます。

データのファイル名が「スーパーマーケット」であり、「何が買われたか？」のデータであるということだけが取っ掛かりになっています。

このようなときは、

「(最初に) 何らかのルールがデータにはあるのか」

に目を付けることにします。

この場合は、Weka の「Explorer」に「Associate (Discover association rules)」があります。
この中の「Apriori」アルゴリズムが無難です。

図 1-2 Weka の「Associate」と「Apriori」

左側の「Result list (…)」のリスト部分をマウスで右クリックすると、「Plugins」が出てくるので、「AR Rules Viewer」をクリックします。

「Apriori」は相関性に着眼した「機械学習」の手法です。

すると、次の**図 1-3** が出てきます。

図 1-3 AR Rules viewer

図 1-4 AR Rules viewer の「3D Representation（表現）」
（creteria：基準，Conviction：データから確定的に言えるライン）

この段階で、データから「あるルールの抽出」がされています。

ここは非常に大きなデータを解析して上では、重要なところなので、ていねいに解説します。

結果の意味は最終的に判断するとして、その判断に必要な視覚的な資料を出しましょう。

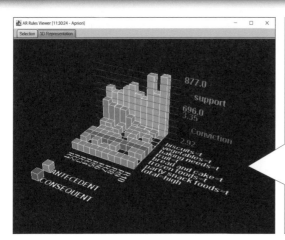

右横部分：
・ビスケット
・野菜
・焼き物
・フルーツ
・パンとケーキ
・冷凍食品
・パーティスナック
・合計（高いもの）

※ conviction
→ ほぼ買っていくライン

図 1-5　3D Representation によって視覚化
（Conviction：データから確定的に言えるライン，antecedent：先購買したもの，
consequent：後購買）

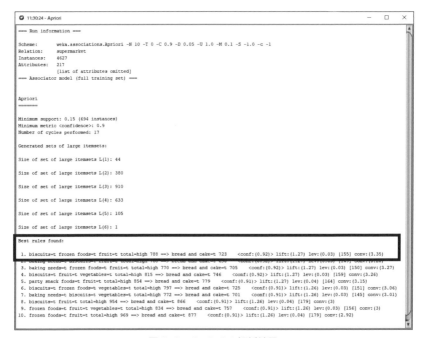

図 1-6　Apriori の解析結果

【 結果を抽出 】

```
biscuits=t frozen foods=t fruit=t total=high 788 ==> bread and cake = t 723
<conf:(0.92) > lift:(1.27) lev:(0.03) [155] conv:(3.35)

biscuits = t 冷凍食品 = t fruit = t 合計 = 高 788 ==> パンとケーキ = t 723
<conf：(0.92) > lift：(1.27) lev：(0.03) [155] conv：(3.35)
```

　図 1-6 の解析結果の 1 行目のパンとケーキは高額購入者の約 92% がほぼ買っているものというデータからのルールが抽出されたということです（日本語データの読み込みは**参考文献 第4章の 02**）。

■ データを収集する際のルール

　データを収集し、何らかの解析を行なう場合は、「なんでもかんでも入れてしまう」ということは避けるようにしましょう。

　この節では、1 つのファイルで 100 万のデータを「Weka」から「データに潜むルールの抽出」を行ないました。
　この大きさのファイルがさらに「1 万、2 万、10 万、100 万…」のファイルとなると、計算で動くコンピュータは「京」や「富岳」のスーパーコンピュータでもかなりの時間を要するのではないかと思います。
　当然、無償では使えません。

　「力ずくで解く」ということをせずに、**「データの傾向を分類する」**ということがとても重要です。

　たとえば、かなり大きなビッグデータも、たとえば、先のサンプルデータを商品分類別にしたデータから、「（後で）関連付けをする」という方法にすれば、データそのものはかなり小さなデータにすることができます。

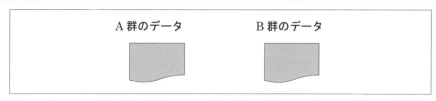

図1-7　2つのデータ群

　実は、上の**図1-7**のようにデータを分けて考えるということは、単に共通のルールを見つけるという以外に、もっと深い利用方法に結びつけることができます。

　特に、「機械学習」「AI」を実務へ応用していくという視点では、かなり大きな利点があります。
　特に**「画像処理」**などでは、威力を発揮します。

1.2　Small Data

　「スモールデータ」とは、どのような定義であるのかは、あまり大きな意味を本書ではもちません。
　自分のパソコンで、無償で、かつ計算時間がそれほど待つことなくできる範囲のデータくらいで捉えてください。
　「構造化データ」「非構造化データ」にはこだわりません。
＊
　ここでは、先の**図1-7**のように2つ、または複数のデータ群を構成概念として考えます。
　それらの群の関係を求めるには、**「共分散構造分析」**（Covariance Structure Analysis）によって解く方法がよく知られています。

■ AMOS

　ソフトウェアでは「SPSS」の「AMOS」というソフトですが、そう安いものではなく、本格的な解析用です。
　この方法は、異なる母集団との関連を調べるなどの場合に威力を発揮し、とても興味深いものです（**参考文献 第1章02、03**）。

このソフトは有償で、かつバージョンアップするたびにコストが嵩み、継続して使うことを断念した経験があります。

このあたりから、「無償で、安全で、安心して使え、しかも市販のパソコンで解く」ということにこだわり続けています。

こうした苦い経験から、大きなデータを「どうすれば、普通のパソコンで使えるデータの大きさでできるのか」を考えてきて、行き着いたものの1つが、**「データ構造を正準相関分析のモデルと同じように捉える」**ということでした。

■「正準相関分析」のデータ構造で考える

少々、数式が出てきて恐縮ですが、データを捉えるという視点からはとても重要な部分なので、割愛せず解説します。

「正準相関」とは2組からなら変数の間の相関関係の次元を減らす手法のことを指します。

一般的に、下の①式の左辺と右辺の変数は複数の個体からなるデータ群と考えます。

$$aY = bX + \delta \qquad \cdots ①$$

これらの変数群は特徴をもつ「特徴ベクトル」として表現すると、次のようになります。

$$\begin{Bmatrix} a_1 \\ a_2 \\ a_n \end{Bmatrix} \begin{bmatrix} Y_{11} & \cdots & Y_{1m} \\ \vdots & \ddots & \vdots \\ Y_{n1} & \cdots & Y_{nm} \end{bmatrix} = \begin{Bmatrix} b_1 \\ b_2 \\ b_n \end{Bmatrix} \begin{bmatrix} X_{11} & \cdots & X_{1m} \\ \vdots & \ddots & \vdots \\ X_{n1} & \cdots & X_{nm} \end{bmatrix} + \begin{Bmatrix} \delta_1 \\ \delta_2 \\ \delta_n \end{Bmatrix}$$

a：第1組列ベクトル，b：第2組列ベクトル，δ：誤差

ここで、「左辺を第1組」とし、「右辺を第2組」として考えると、

$$\sum_{\alpha} Y_{\alpha i} = 0 \qquad \left(i = 1, 2, \cdots, s \right)$$

$$\sum_{\alpha} X_{\alpha, s+j} = 0 \qquad \left(j = 1, 2, \cdots, t \right)$$

S：第 1 組の特性値数， t：第 2 組の特性値数

このとき、

$$r_{[k]} = r\left(Y_k, X_k \right)$$

のことを「**第 k 正準相関**」（Canonical Correlation）と呼んでいます。

■ 気象レーダーを使った例題で大きなデータをスモール化するデータ構造

　例題として、インターネットで公開されている「雨雲レーダー」を使って、**あるエリアの危険度を予測する方法**について概説します。

*

　下の**図 1-8** は 2019 年 5 月の豪雨の際の富士山から関東方面のエリアをピックアップしたものです。

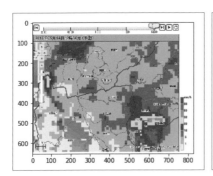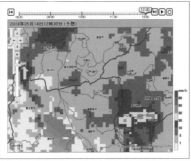

図 1-8　雨雲レーダーを使った気象予測

　データを作る際には、下のように、30 分間隔などのデータを集めます。

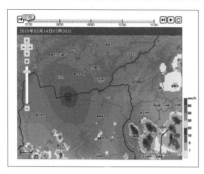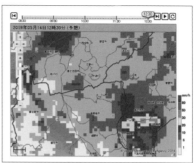

図 1-9　30分間隔の雨雲レーダー

集めたデータは、**図 1-9** の右側の図のように「メッシュ」を入れます。

　具体的には、画像処理で使った「ImageJ」によって、メッシュ部分を順番にデータ化します（ImageJ の使い方は、**参考文献 第４章の 02、03**）。

　A 列には「instance 名」は入れていません。
　最後の列に「class」に「教師データ」を与えます。
　この際の「class 値」は、画像の全容からおおむねの降雨量をもとに「Level 1」から「Level 5」（時間降雨量 50mm 超えが発生していると判断できそうなもの）まで与えています。

表 1-1　雨雲レーダーのデータを画像処理のときの手法で Excel 表示

	A	B	C	D		YE	YF	YG	YH	YI	YJ	YK
1	0	1	2	3	653	654	655	656	657	658	659	class
2	151.5305	149.7243	151.5822	152.0399	15952	189.0864	188.799	188.9437	184.4106	192.3261	192.0976	level_1
3	158.146	156.2018	157.5122	158.1986	15556	197.4057	196.3971	196.3143	191.8383	194.6068	194.0132	level_1
4	170.4648	169.5122	167.6331	167.2176	16359	193.2853	197.2794	197.3445	196.6949	191.4727	197.4786	level_2
5	184.5366	182.2805	186.7934	187.2495	1846	180.1947	179.9736	179.433	174.5736	176.8574	175.633	?
6	180.4348	180.3569	179.2921	177.5553	18154	167.2777	171.4506	175.1382	174.0367	173.1506	168.979	level_2
7	189.1828	186.5477	183.9651	185.2275	18192	177.3537	176.3504	175.5681	170.5247	176.8849	176.1243	level_3
8	183.4147	181.0545	184.1896	185.2133	18238	171.0341	168.9869	168.4619	164.1017	167.3241	166.6299	level_5
9	184.6475	184.0192	182.1144	179.6693	18315	162.0403	163.0384	166.4431	164.3876	163.4544	158.1144	level_4
10	185.9486	185.2793	183.6271	181.6588	18567	170.4611	170.6627	174.2082	172.5072	171.8004	167.3063	level_4
11	178.0717	177.3721	179.7646	181.0999	18861	178.8271	178.5174	173.8764	177.2643	176.6785	178.5661	level_2
12	196.6732	197.7396	197.7061	196.1512	19022	183.7541	179.7903	179.7686	183.7554	183.1085	183.0953	level_2

● AI（MLP）による予測

「Neural Network」（MLP:Multi Layer Perceptron）で予測をしてみます。

前節の 8:30 と 9:30 が「Level 2」ですし、雨雲の分布からみても妥当のような気がします。

参考までに、「Bayesian Network」による解析でも「Level 2」と算出されています。

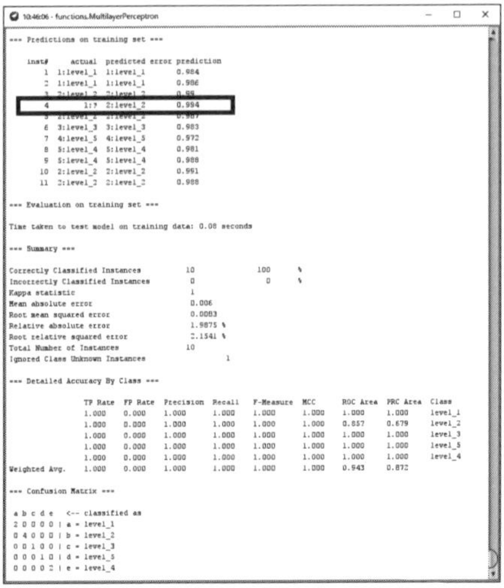

図 1-10　Weka の MLP で予測した結果

上の**図 1-10** の最後の部分の「Confusion Matrix」（混合行列）では、きれいに左上から右下に識別されているのが分かります。

また、「Kappa 統計量」は「1」なので、予測の識別はかなり良い精度を出しています（Kappa：カッパ統計量は、0 から 1 までの間で 1 に行くほど整合性が高い）。

解析対象の「Section」（Sec）は、左上が「Sec11」で、右横が「Sec12」「sec13」となり、下の段へ移り、「Sec21」「sec22」と続いて、右のいちばん下が「Sec53」です。

解析からは、

Sec11 → Sec12 → sec13 → Sec21 → Sec22 → Sec23 → Sec31 → Sec32 → Sec33 →

「Sec41」が「Lebel 2」であると示しています。

つまり、「富士山の東側では、4 段目の真ん中から 5 段目にかけて、降雨

で注意を要するところ」ということになります。

　枠線の部分です。

　ここの時間的変化に注意をしていけば、気象災害での危険度を早期に予見できると考えられそうです。

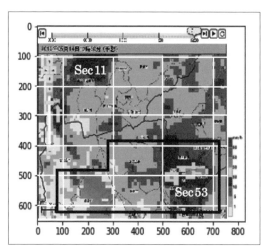

図 1-11　危険度が高いエリア

■ 回帰型データ構造と正準相関型データ構造

　解析によって得られる結果は、次のようなデータ構造をもたせることで、大きく異なります。

● 回帰型のデータ構造

　下は、左が「X の変数」に対応するデータを入れる部分で、右が「教師データ」で与えるクラスです。

図 1-12　回帰型のデータの配置

　式は、基本のモデル式です。

$$Y = aX + \delta$$

● 正準相関型のデータ構造

下は左が「Yの変数」に対応するデータを入れる部分で、すぐ横の部分が「Xの変数」に対応する部分です。

そして、右の空欄部分が「教師データ」で与えるクラスです。

図 1-13　正準相関型のデータの配置

式は、基本のモデル式です。

$$aY = bX + \delta$$

① 回帰型データ構造

	A	B	C	D		YF	YG	YH	YI	YJ	YK
1	0	1	2	3	654	655	656	657	658	659	class
2	151.5305	149.7243	151.5822	152.0399	364	188.799	188.9437	184.4106	192.3261	192.0976	level_1
3	158.146	156.2018	157.5122	158.1986	057	196.3971	196.3143	191.8383	194.6068	194.0132	level_1
4	170.4648	169.5122	167.6331	167.2176	353	197.2794	197.3445	196.6949	191.4727	197.4786	level_2
5	184.5366	182.2805	186.7934	187.2495	947	179.9736	179.433	174.5736	176.8574	175.633	?
6	180.4348	180.3569	179.2921	177.5553	777	171.4506	175.1382	174.0367	173.1506	168.979	level_2
7	189.1828	186.5477	183.9651	185.2275	537	176.3504	175.5681	170.5247	176.8849	176.1243	level_3
8	183.4147	181.0545	184.1896	185.2133	341	168.9869	168.4619	164.1017	167.3241	166.6299	level_5
9	184.6475	184.0192	182.1144	179.6693	403	163.0384	166.4431	164.3876	163.4544	158.1144	level_4
10	185.9486	185.2793	183.6271	181.6588	511	170.6627	174.2082	172.5072	171.8004	167.3063	level_4
11	178.0717	177.3721	179.7646	181.0999	271	178.5174	173.8764	177.2643	176.6785	178.5661	level_2
12	196.6732	197.7396	197.7061	196.1512	541	179.7903	179.7686	183.7554	183.1085	183.0953	level_2

図 1-14　回帰型のデータ構造

「回帰型」のデータ構造では、A列には「instance名」は入れていません。

最後の列に「class」に「教師データ」を与えます。

この際の「class値」は、画像の全容から概ねの降雨量をもとに「Level1」から「Level5」（時間降雨量 50mm 超えが発生していると判断できそうなもの）まで与えています（**図 1-14**の「?」マークは、予測をしたいところで、英数半角で入力データに入れます）。

＊

アルゴリズムは Bayesian Network の「TAN」（Tree Argument Network）です。

上枠線の中の「Level」を予測させます。

BN 図は下のようになり、降雨と対象地の関係は一様化しています。

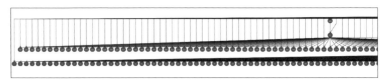

図 1-15　Bayesian Network の TAN アルゴリズムのノード図

② メッシュ法による解析（Canonical Correlation Model 法）

次に、「メッシュ法」による方法を行ないます。

＊

下の**表 1-2** が「正準相関」のデータ構造にして作った入力データです。

表 1-2　正準相関型のデータ構造

	A	B	C	D	E	F	G	H	I	J	K	L	M	N	O	P	Q	R	S	T	U	V	W	X	Y	Z	AA	AB	AC	AD	AE
1	s-sec11	s-sec12	s-sec13	s-sec21	s-sec22	s-sec31	s-sec32	s-sec33	s-sec41	s-sec42	s-sec43	s-sec51	s-sec52	s-sec53	ssc11	ssc12	sec13	sec21	sec22	sec23	sec31	sec32	sec33	sec41	sec42	sec43	sec51	sec52	sec53	class
2	140	146	146	139	140	154	125	140	140	139	139	163	160	152	175	0	0	1	0	5	1	0	0	5	1	10	10	1	20	level-1
3	142	146	145	140	140	155	132	140	155	147	148	167	185	155	190	0	0	1	0	5	1	0	5	10	20	1	10	level-1
4	143	147	159	139	165	153	153	169	160	196	152	166	159	174	176	0	0	1	5	10	5	10	50	20	10	50	50	10	level-2
5	143	150	164	150	180	190	191	190	167	178	197	177	200	202	181	0	1	5	1	5	20	50	20	20	30	50	5	level-2
6	190	173	161	227	203	175	205	180	172	166	203	199	200	198	206	5	5	5	10	20	10	30	30	20	20	10	50	20	level-2
7	203	219	185	229	190	146	189	168	141	156	168	145	172	206	195	5	20	20	20	30	20	30	30	20	30	50	5	level-5
8	180	196	158	179	144	137	190	132	136	174	164	158	169	202	178	5	20	20	30	30	30	30	50	50	20	80	50	level-5
9	186	197	156	165	159	140	180	131	140	175	161	145	174	197	178	10	10	30	50	20	30	50	50	30	30	80	20	level-4
10	184	185	150	159	168	136	177	135	143	176	146	143	182	192	187	5	20	20	20	30	50	20	50	20	5	20	10	level-4
11	125	197	173	175	196	184	198	188	170	199	187	129	185	175	131	5	20	10	20	30	20	20	10	50	10	10	level-2
12	137	199	172	201	196	186	194	182	154	197	185	130	174	185	130	10	10	20	5	10	20	5	50	5	10	30	level-2

※「csv 形式」で保存して再度開いた場合は、罫線やセルの色塗りはすべて消えてしまいます。

上の左半分のセルの部分が「aY=bX+b の aY」の部分で、右半分の部分が「bX」の部分です。

左半分は「Spectrum 解析法」の「Gray-value 法」の平均値を入れ、右半分は各 section の「降雨量の最大値」を入れてあります。

「Bayesian Network」では、下図のいちばん上が「親 node」で 2 番目が（第1世代）「子 node」で、（第 5 世代）「子 node」まで表示されています。

これによって、気象災害で危険性が高いところが具体的に把握できます。

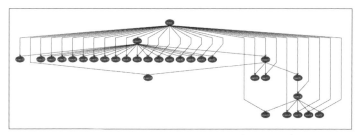

図 1-16　Bayesian Network の TAN アルゴリズムのノード図

●「RapidMiner」の「ID3」で共通的なセクションの「降雨レベル」を知る

「RapidMiner」にデータを読み込ませて降雨レベルと Section の関係を把握してみましょう（RapidMiner の使い方は **参考文献 第4章 03**）。

下の**表 1-3** のようなデータ構造にして作ったデータです。
予測させる部分は前節と同じ「9:00 時点での降雨の Leve l」です。

表 1-3　雨雲レーダーのデータを左の群と右の群に分けて作ったデータ

	A	B	C	D	E	F	G	H	I	J	K	L	M	N	O	P	Q	R	S	T	U	V	W	X	Y	Z	AA	AB	AC	AD	AE
1	x-sec11	x-sec12	x-sec13	x-sec21	x-sec22	x-sec23	x-sec31	x-sec32	x-sec33	x-sec41	x-sec42	x-sec43	x-sec51	x-sec52	x-sec53	sec11	sec12	sec13	sec21	sec22	sec23	sec31	sec32	sec33	sec41	sec42	sec43	sec51	sec52	sec53	class
2	140	146	146	139	140	154	125	140	140	139	139	163	160	152		0	0	0	0	0	1		10	10	1					20	level-1
3	142	146	145	140	140	155	132	140	155	147	148	167	185	155	190	0	0	1	1	5		10		20	1					10	level-1
4	143	147	159	139	165	153	153	169	160	196	152	166	159	174	176	0	1	1	5	5	1	10	50	20	10					10	level-2
5	143	150	164	150	180	190	191	190	167	178	197	177	200	202	181	1	5	1	5	20	50	20	30	20	5		30	20			?
6	190	173	161	227	203	175	205	180	172	160	173	203	199	200	198	226	1	5	5	10	30	30	30	30	1		10	50		20	level-2
7	203	219	185	229	190	146	189	168	141	156	168	145	172	205	195	5	5	20	5	10	30	20	10	30	30	30	50	5		20	level-3
8	180	196	155	173	144	137	190	132	136	174	164	158	160	182	178	10	10	20	20	30	30	30	80	50	50	30	80	20		50	level-4
9	186	197	156	165	159	140	180	131	140	175	161	145	174	197	178	10	30	30	20	50	30	50	30	30	80	20			20	level-4
10	184	195	150	159	166	136	172	176	162	140	182	192	187	5	5	20	30	30	30	50	20	80	30	20	50	50	20			10	level-4
11	125	197	173	175	198	198	188	170	199	187	129	185	175	131	20	10	10	20	5		10		5		20	10	10			50	level-2
12	137	199	172	201	196	188	194	182	154	197	185	130	174	180	131	5	10	10	20		10									30	level-2
13																															

※「csv 形式」で保存して再度開いた場合は、罫線やセルの色塗りはすべて消えてしまいます。

　上の左側の群は「Spectrum 解析法」の「Gray-value 法」の平均値を入れ、右側の群の部分は各 section の「降雨量の最大値」を入れてあります。

　そして最後の列に危険度を想定した「Leve l」を入れてあります。

「RapidMiner」でデータを読み込んで決定木の解析を行なわせたものが**図 1-17** と**図 1-18** です。

図 1-17　RapidMiner での視覚化処理

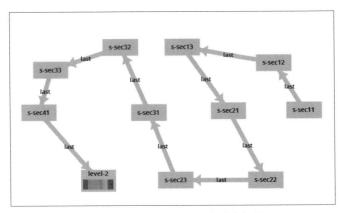

図 1-18　RapidMiner での視覚化処理

　どの Section が「Level 2」に関わっていくのかが把握することができます。

「RapidMiner」は、このように危険度設定した「Leve l」と、どのセクションが密接に係わって変化していくのを視覚的に捉えることができて、とても

便利です。

＊

「正準相関分析」というのは、いわゆる「多変量解析法」の「回帰分析」の１つですが、データをどのように捉えて扱うかで、大きなデータも「Small Data」として、扱うことができます。

1.3　One Data

「１つのデータ」とは、具体的にはどのようなものでしょうか。

たぶん、いちばんイメージしやすいものは「株価」のデータではないかと思います。

もちろん、これ以外に、「ある人の心拍数」「毎月の電気代や水道代」「特定の場所の気象情報」などがあり、「１つのデータ」が「時系列」で変化していきます。

「ワン・データ」という定義をここで行なうつもりはありませんが、本節での「One Data」とは、上のようなものを指します。

＊

「ワン・データ」は、必ず「時系列データであるのか」というと、そうとは限りません。

前節での「雨雲レーダー」の気象画像は解析する際に、連続的な「空間周波数化」を計算させるために、「フーリエ変換」を用いたりしますが、その対象のデータも「One Data」です。

時系列ではありませんが、空間的な連続系列にしてある場合も「ワン・データ」です。

具体的にこのワン・データを解く目的は、「傾向性、循環性、季節変動性、不規則な変動性」の４つになります。

これらをもとに、未来の予測（評価）を行なうというのが計算の目的になります。

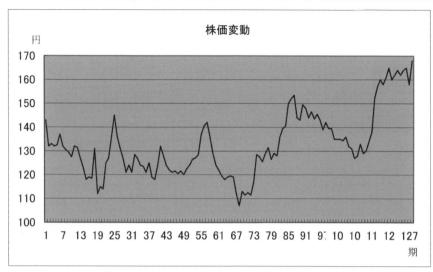

図 1-19 One Data

　具体的に解く方法は、かなりの数になりますが、統計的には古典的な「移動平均法」や「回帰モデル法」などの「線形モデル」があり、「確率過程法」などは「状態空間モデル」と呼ばれており、「マルコフ確率過程」「カルマン・フィルタ」などが知られています。

　近年は、「ニューラルネットワーク」を使った「ディープラーニング」で予測（評価）させることも行なわれてきています。

　特に、ここでは詳説をしませんが、「Weka」を使うことで、まったくの素人でも株価の予測にディープラーニングで行なわせることもかなり簡単になってきています。

＊

　図 1-20 は「状態空間モデル」を Excel の VBA でプログラミングして解いた「カルマン・フィルタの解」と、**図 1-21** は「Weka」の「MLP」で解いた株価予測の精度です（**参考文献 第 1 章 08**）。

　「MLP」で解いた方は、「予測値」と「実績値」がほぼ重なってしまっています。

「カルマン・フィルタ」に比べ、明らかに精度が向上しているのを見て取れます。

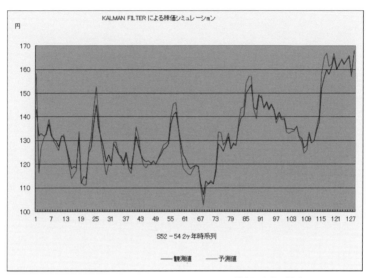

図 1-20　カルマン・フィルタによる株価予測の精度

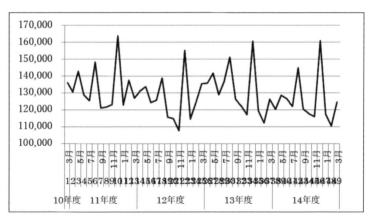

図 1-21　Weka の MLP で解いた株価予測の精度（予測値と実績値が重なっている）

■「One Data」は面白い！
（自己組織化臨界状態理論で探るデータの奥の構造探査）

　この章の主題は、大きな「ビッグデータ」も視点を変えていけば、前節の「Small Data」のようにデータ構造を考えて入れるだけで、なかなか見つけにくいデータの奥に潜む事実を探ることができました。

　そして、この節では、「One Data」ですが、「そうか…時系列で解くか！」と、簡単に解析手法を決めてしまう前に、「データの構造そのものに潜むものは何か？」に目を向けていただきたいという意図で、「1-1」「1-2」を解説してきました。

　「One Data」というのは、実はかなり興味深く、面白い展開が期待できます。

　具体的に、前の株価のデータを下のように解いていきましょう。

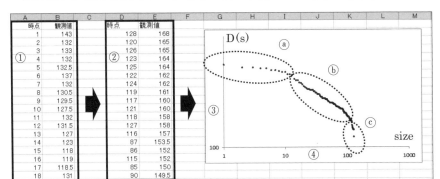

図 1-22　データを Excel で「自己組織化臨界状態理論」の簡易表示

[1] 元のデータは「①」です。

　まず、これをコピーして「②」のようにします。

　この貼り付けの際は、「形式を選んで貼り付け → 値」を選択して貼り付けを行ないます。

[2] 貼り付けたら、「並べ替えとフィルター → 降順（大きい順）」にします。

[3] 次に「観測値だけ」を選んで、Excel グラフの「散布図」で、グラフを書きます。

　タテ軸の「③」およびヨコ軸の「④」を 1 つずつ選び、「右クリック」で、「軸の書式設定」です。
　「軸のオプション」の項目になっているかを確認し、その中にある「対数目盛で表示」を選びます。
　「タテ軸」と「ヨコ軸」を順に行ないます。

　つまり「②」の散布図は、「両対数」に変換されました。
　その図が、**図 1-22** の右のグラフです。

　ただし、タテ軸目盛の最大値を「200」、最小値を「100」にして対数表示が見やすいように加工しています。

　このグラフでは、ヨコ軸が「数値の大きさの順」なので、「size」にしてあり、タテ軸は、その分布（Distribution）の程度を示しているので、「D(s)」になります。

　本来は、ある状態の空間に分布しているデータを探るのは、フーリエ変換して、「パワースペクトル」にするのが望ましいやり方ですが、フーリエ変換は、データの数が、「2, 4, 8, 16, 32, 64, 128, …」というように、「2n」のデータ数でいれないと動作しません。

＊

　さて、解析結果ですが、今回のサンプルモデルの株価の問題では、「ⓐ」「ⓑ」「ⓒ」という部分を概観すると、「直線的な線形性の部分が存在する」ことが分かりました。

　つまり、線形性の部分が存在しているということは、「何らかのルール」が存在していることを意味しています。

　具体的には、株価が「高値」の部分が「ⓐ」で、ほぼ中庸で変動している部分が「ⓑ」になります。

そして最後の「ⓒ」の部分は、実は、何らかのルールが存在しない部分です。

「ⓐ」「ⓑ」は、「自己相似性をもつ部分（何らかのルールが存在する）」、「ⓒ」は、それらのルールから逸脱し散逸化している部分で、「自己相似性がない部分」になります。

データは、「いつの時点であったか？」ということが元のデータから読み解けます。

その時点で、たとえば「社会的な大きなニュース」などに目を向ければ、その同一ルールがあるデータ群では、そのニュースに類似する出来事が起きそうなときに売買すればよいということになります。

＊

このように「One Data」であっても、実はかなり大きなルールを見つけ出すことができます。

こうした広い視点で見る分野が**「データ・サイエンス」**（DS：Data Science）と呼ばれる分野ですが、この方法は「自己組織化臨界状態解析」と呼ぶ手法です（**参考文献 第1章 06、07、10〜17**）。

■ 複数のデータも「One Data」にできる

下の**表1-4**は、「何かの食べ物」のデータです。

空欄の中は、被験者が5段階で「うまい（5）→ まったくそうは思わない（1）」という感覚尺度でもかまいませんし、具体的な「塩○g、砂糖△g、…」という数値データでもかまいません。

任意で入れたデータを、本章末尾に「BIPLOTのVBAプログラム」として掲載しています。

通常の市販のExcelで実装されている「VBA」（Visual Basic for Apprication）で動作します。

表 1-4 複数のデータを「One Data」にしていく

	甘味	苦味	酸味	塩味	旨味	とろみ
標本1						
標本2						
標本3						
標本4						
標本5						
標本6						
標本7						
標本8						
標本9						
標本10						
標本11						
標本12						

計算の解は**図 1-22** の「F、G-Matrix」です。

これらは、「x 座標」「y 座標」で計算が出力されているので、この座標値を散布図で描くと、各標本と各変数の関係を視覚化して見ることができます。

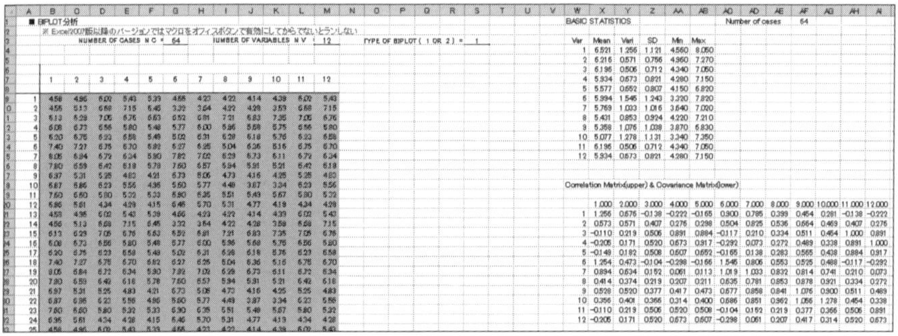

図 1-23 プログラム「Biplot」を動かしたところ (左のアミ部分が入力データ)

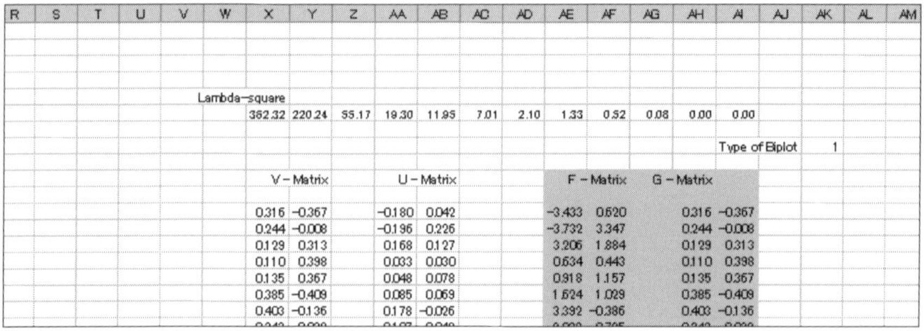

Lambda-square

362.32	220.24	55.17	19.30	11.95	7.01	2.10	1.33	0.52	0.08	0.00	0.00

Type of Biplot 1

V-Matrix		U-Matrix		F-Matrix		G-Matrix	
0.316	-0.367	-0.180	0.042	-3.433	0.620	0.316	-0.367
0.244	-0.008	-0.196	0.226	-3.732	3.347	0.244	-0.008
0.129	0.313	0.168	0.127	3.206	1.884	0.129	0.313
0.110	0.398	0.033	0.030	0.634	0.443	0.110	0.398
0.135	0.367	0.048	0.078	0.918	1.157	0.135	0.367
0.385	-0.409	0.085	0.069	1.624	1.029	0.385	-0.409
0.403	-0.136	0.178	-0.026	3.392	-0.386	0.403	-0.136

図 1-24 プログラム「Biplot」を動かしたところの右側部分
(アミ部分が BIPLOT の計算の解)

　下の**図 1-25** のように、計算で得た結果をノルム（ユークリッド平方距離）を取って計算したものですが、いわゆるピタゴラスの定理で x 座標と y 座標を原点からの距離を求めたものです。

C	D	E	F	G	H	I	J	K	L	M	N	O
	F－Matrix	ノルム		ノルムの降順								
-3.433	0.620	3.488761		5.013019								
-3.732	3.347	5.013019		5.013019								
3.206	1.884	3.718185		5.013019								
0.634	0.443	0.773039		5.013019								
0.918	1.157	1.476802		5.013019								
1.624	1.029	1.9225		5.013019								
3.392	-0.386	3.413774		3.847235								
2.032	-0.725	2.157288		3.847235								
-1.823	-2.610	3.184028		3.847235								
-1.685	-0.905	1.912334		3.847235								
1.072	-1.585	1.913737		3.847235								
-1.539	-3.526	3.847235		3.718185								
-3.433	0.620	3.488761		3.718185								
-3.732	3.347	5.013019		3.718185								
3.206	1.884	3.718185		3.718185								
0.634	0.443	0.773039		3.718185								

図 1-25　プログラム「Biplot」を動かし Excel で自己組織化臨界状態理論の解析

　この「BIPLOT」という手法は、いわゆる多変量解析法の「主成分分析法」の１つですが、各変数が「合成」されて、１つにするという点で、非常に優れています。

　このように、「One Data」は株価などのように時系列データの１つだけであるということにとらわれなければ、複数のデータも「One Data 化」することで、奥に潜んでいる「ある何か」を探ることにも期待が持てます。

[Appendix]（BIPLOT）の VBA プログラム

　ここでは、通常市販されているパソコンに実装されている Excel に必ずついている「VBA」で、本章で計算させた「BIPLOT」のプログラムを記載します。

　なお、「VBA」の Excel への表示方法や使い方は、多くの図書が出ているので、自分に分かりやすいものを選んでトライしていただければ、と思います。

BIPLOT の VBA プログラム

```
(General)                                                                    ▼

|    Sub BIPLOT()

         GoSub 10010 'DATA-IN

         ReDim XAVERAGE(nv), VARIANCE(nv), RHO(nv, nv)
         ReDim XLARGE(nv), XSMALL(nv)
         ReDim SD(nv), COV(nv, nv)

         ReDim WX(nv)
         ReDim R(nv, nv), E(nv), VE(nv, nv) 'DIMENSION HERE FOR VBA

         GoSub 11010 'COMPUTE BASIC STATISTICS

         GoSub 12010 'DISPLAY BASIC STATISTICS

         GoSub 13010 'NORMALIZE

         ReDim D(nv), V(nv, 2), U(NC, 2)

         GoSub 43010 'SINGULAR

         GoSub 20010 'SINGULAR PRM

         ReDim F(NC, 2), G(nv, 2)

         ISW = Range("S3") 'ISW=TYPE OF BIPLOT
         If ISW < 1 Then MsgBox "WRONG CODE"
         If ISW > 2 Then MsgBox "WRONG CODE"
         If ISW = 1 Then GoSub 21010 Else GoSub 22010

         GoSub 23010

         End


10010: 'DATA-IN

         NC = Range("G3") 'NC=NUMBER OF CASES
         nv = Range("M3") 'NV=NUMBER OF VARIABLES

         ReDim X(NC, nv)

         For I = 1 To NC
         For J = 1 To nv
         X(I, J) = Cells(I + 8, J + 1).Value
         Next J: Next I

         Return

11010: 'COMPUTE BASIC STATISTICS FOR MULTIVARIATE DATA

         'NC --------- NUMBER OF CASES
         'NV --------- NUMBER OF VARIABLES
         'X(NC,NV) --- DATA MATRIX

         'XAVERAGE(NV) -------- MEAN VECTOR
         'VARIANCE(NV) -------- VARIANCE VECTOR
         'COV(NV,NV) ---------- COVARIANCE MATRIX
         'RHO(NV,NV) ---------- CORRELATION MATRIX
         'SD(NV) -------------- STANDARD DEVIATION VECTOR
         'XLARGE(NV) ---------- MAX VALUE VECTOR
         'XSMALL(NV) ---------- MIN VALUE VECTOR

         ReDim WX(nv)
         For IP = 1 To nv
         WX(IP) = X(1, IP)
         XAVERAGE(IP) = 0
         XLARGE(IP) = X(1, IP)
         XSMALL(IP) = X(1, IP)
         For JP = 1 To nv
         COV(IP, JP) = 0
         Next JP
         Next IP
```

```
            For JP = 1 To nv
            COV(IP, JP) = 0
            Next JP
            Next IP

            For IC = 2 To NC
            For IP = 1 To nv
            WI = X(IC, IP) - WX(IP)
            XAVERAGE(IP) = XAVERAGE(IP) + WI
            If XLARGE(IP) < X(IC, IP) Then XLARGE(IP) = X(IC, IP)
            If XSMALL(IP) > X(IC, IP) Then XSMALL(IP) = X(IC, IP)
            For JP = IP To nv
            COV(IP, JP) = COV(IP, JP) + WI * (X(IC, JP) - WX(JP))
            Next JP
            Next IP
            Next IC

            For IP = 1 To nv
            XAVERAGE(IP) = XAVERAGE(IP) / NC + WX(IP)
            Next IP

            For IP = 1 To nv
            For JP = IP To nv
            COV(IP, JP) = COV(IP, JP) / NC - (WX(IP) - XAVERAGE(IP)) * (WX(JP) - XAVERAGE(JP))
            COV(JP, IP) = COV(IP, JP)
            Next JP
            VARIANCE(IP) = COV(IP, IP)
            SD(IP) = Sqr(VARIANCE(IP))
            Next IP

            For IP = 1 To nv
            For JP = IP To nv
            RHO(IP, JP) = COV(IP, JP) / (SD(IP) * SD(JP))
            RHO(JP, IP) = RHO(IP, JP)
            Next JP: Next IP

            Return

12010: 'DISPLAY BASIC STATISTICS
            Cells(1, 23) = "BASIC STATISTICS"
            Cells(1, 30) = "Number of cases"
            Cells(1, 32).Value = NC

            Cells(3, 23) = "Var"
            Cells(3, 24) = "Mean"
            Cells(3, 25) = "Vari"
            Cells(3, 26) = "SD"
            Cells(3, 27) = "Min"
            Cells(3, 28) = "Max"

            ISTEP = 0
            For IP = 1 To nv
            ISTEP = ISTEP + 1
            Cells(3 + ISTEP, 23).Value = IP
            Cells(3 + ISTEP, 24).Value = XAVERAGE(IP)
            Cells(3 + ISTEP, 25).Value = VARIANCE(IP)
            Cells(3 + ISTEP, 26).Value = SD(IP)
            Cells(3 + ISTEP, 27).Value = XSMALL(IP)
            Cells(3 + ISTEP, 28).Value = XLARGE(IP)
            Next IP

            LP = 15
            For IIS = 1 To nv Step LP
            IE = IIS + (LP - 1)
            If IE > nv Then IE = nv

            IPSTEP = 0
            For IP = IIS To IE
            IPSTEP = IPSTEP + 1
            Cells(nv + 8 + IPSTEP, 23).Value = IP
            Next IP

            JPSTEP = 0
            For JP = 1 To nv
            JPSTEP = JPSTEP + 1
            Cells(nv + 8, 23 + JPSTEP).Value = JP
            IPSTEP = 0
            For IP = IIS To IE
            IPSTEP = IPSTEP + 1
            If IP > JP Then
```

```
        If IP > JP Then
        Cells(nv + 8 + JPSTEP, 23 + IPSTEP).Value = RHO(JP, IP)
        Else
        Cells(nv + 8 + JPSTEP, 23 + IPSTEP).Value = COV(JP, IP)
        End If
        Next IP
        Next JP
        Next IIS
        Cells(nv + 6, 29) = "Correlation Matrix(upper) & Covariance Matrix(lower)"

        Return

13010: 'NORMALIZE

        For I = 1 To NC
        For J = 1 To nv
        X(I, J) = X(I, J) - XAVERAGE(J)
        Next J: Next I

        Return

20010: 'SINGULAR.PR

        Cells(nv + 3 + nv + 11, 24) = "Lambda-square"
        JSTEP = 0
        For J = 1 To nv
        JSTEP = JSTEP + 1
        Cells(nv + 3 + nv + 12, 23 + JSTEP).Value = D(J)
        Next J

        ISTEP = 0
        For I = 1 To nv
        ISTEP = ISTEP + 1
        JSTEP = 0
        For J = 1 To 2
        JSTEP = JSTEP + 1
        Cells(nv + 3 + nv + 17 + ISTEP, 23 + JSTEP).Value = V(I, J)
        Next J: Next I

        Cells(nv + 3 + nv + 16, 25) = "V - Matrix"
        Cells(nv + 3 + nv + 16, 28) = "U - Matrix"
        ISTEP = 0
        For I = 1 To NC
        ISTEP = ISTEP + 1
        JSTEP = 0
        For J = 1 To 2
        JSTEP = JSTEP + 1
        Cells(nv + 3 + nv + 17 + ISTEP, 26 + JSTEP).Value = U(I, J)
        Next J: Next I

        Return

21010: 'METHOD-1

        For I = 1 To NC
        For J = 1 To 2
        F(I, J) = U(I, J) * Sqr(D(J))
        Next J: Next I

        For I = 1 To nv
        For J = 1 To 2
        G(I, J) = V(I, J)
        Next J: Next I

        Return

22010: 'METHOD-2

        For I = 1 To NC
        For J = 1 To 2
        F(I, J) = Sqr(NC) * U(I, J)
        Next J: Next I

        For I = 1 To nv
        For J = 1 To 2
        G(I, J) = V(I, J) * Sqr(D(J) / NC)
        Next J: Next I

        Return
```

```
23010: 'BIPLOT.PR

        Cells(nv + 3 + nv + 14, 36) = "Type of Biplot"
        Cells(nv + 3 + nv + 14, 37).Value = ISW

        Cells(nv + 3 + nv + 16, 32) = "F - Matrix"
        Cells(nv + 3 + nv + 16, 34) = "G - Matrix"
        ISTEP = 0
        For I = 1 To NC
        ISTEP = ISTEP + 1
        JSTEP = 0
        For J = 1 To 2
        JSTEP = JSTEP + 1
        Cells(nv + 3 + nv + 17 + ISTEP, 30 + JSTEP).Value = F(I, J)
        Next J: Next I

        ISTEP = 0
        For I = 1 To nv
        ISTEP = ISTEP + 1
        JSTEP = 0
        For J = 1 To 2
        JSTEP = JSTEP + 1
        Cells(nv + 3 + nv + 17 + ISTEP, 33 + JSTEP).Value = G(I, J)
        Next J: Next I

        Return

41010: 'JACOBIAN FOR EIGENVALUES AND VECTORS

        For I = 1 To N
        For J = 1 To N
        R(J, I) = R(I, J)
        Next J: Next I

        GoSub 1000

        For I = 1 To N
        E(I) = R(I, I)
        Next I

        Return

1000:
        For I = 1 To N
        For J = 1 To N
        VE(I, J) = 0
        Next J
        VE(I, I) = 1
        Next I

100:    A1 = 0
        For I = 1 To N - 1
        For J = I + 1 To N
        If A1 >= Abs(R(I, J)) Then GoTo 200
        A1 = Abs(R(I, J))
        P = I
        Q = J
200:    Next J
        Next I

        If A1 <= ETA Then GoTo 500
        D11 = R(P, P) - R(Q, Q)
        T11 = -2 * R(P, Q) / (D11 + Sqr(D11 ^ 2 + 4 * R(P, Q) ^ 2))
        C11 = 1 / Sqr(1 + T11 ^ 2)
        S11 = C11 * T11

        For I = 1 To N
        VE1 = VE(I, P) * C11 - VE(I, Q) * S11
        VE(I, Q) = VE(I, P) * S11 + VE(I, Q) * C11
        VE(I, P) = VE1

        If I <> P And I <> Q Then GoTo 300
        GoTo 400
```

```
        ⤵
300:      A2 = R(I, P) * C11 - R(I, Q) * S11
          R(I, Q) = R(I, P) * S11 + R(I, Q) * C11
          R(I, P) = A2
          R(Q, I) = R(I, Q)
          R(P, I) = A2
400:      Next I
          A3 = R(P, P) * C11 ^ 2 - 2 * R(P, Q) * S11 * C11 + R(Q, Q) * S11 ^ 2
          R(Q, Q) = R(P, P) * S11 ^ 2 + 2 * R(P, Q) * S11 * C11 + R(Q, Q) * C11 ^ 2
          R(P, P) = A3
          R(P, Q) = 0
          R(Q, P) = 0
          GoTo 100
500:      Return

43010:  'SINGULAR

          ReDim R(nv, nv), E(nv), VE(nv, nv)

          For I = 1 To nv
          For J = 1 To nv
          R(I, J) = 0
          For K = 1 To NC
          R(I, J) = R(I, J) + X(K, I) * X(K, J)
          Next K: Next J: Next I

          N = nv: ETA = 0.00005: GoSub 41010 'JACOBI
          For I = 1 To nv
          D(I) = E(I)
          For J = 1 To 2
          V(I, J) = VE(I, J)
          Next J: Next I

          For I = 1 To NC
          For J = 1 To 2
          U(I, J) = 0
          For K = 1 To nv
          U(I, J) = U(I, J) + X(I, K) * V(K, J) / Sqr(D(J))
          Next K: Next J: Next I

          Return

End Sub
```

[Column①] 珈琲の風景

　先日、あるコーヒーメーカーの珈琲を入れようと思ったときに、「旅カフェ…」という全国8か所の珈琲が入っていて、包装パックの裏側に「マイルド」「苦味」「コク」「酸味」という座標軸がある各地の珈琲がどの位置に属するのかという図が表示されていました。

*

　横軸（第1軸）は、左が「酸味」で右が「苦味」、縦軸（第2軸）は上が「マイルド」で下が「コク」となっています。

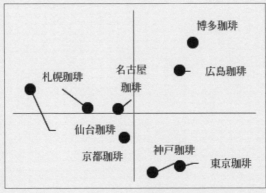

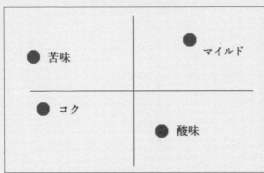

Column 図1　ポジショニング分析（ポジショニング地図）左と右がそれぞれ対応しています

　珈琲を飲みながら「札幌珈琲」を飲んでみました。
　パッケージの図にあるように、「苦味」と「コク」が「ふむふむ、なかなか

おいしいものだ」と感心。

　名古屋と札幌、仙台は苦味とコクが決め手で、たぶん「暑さ、寒さ」が影響しているのだろうか・・。
　東京、神戸は「酸味」と「コク」が決め手というのは、欧州のフランスやイタリアは「酸味にこだわる」という何かと似ているのだろうか…などと、一杯の珈琲にもただ味わうだけでなく「遠い地へ思いを馳せる」という「風景」が見えるような気がする味わいでした。

【 分析の解説 】

　パッケージの図は、「多変量解析法」の「主成分分析」を使い「第1軸に酸味、苦味」、第2軸に「マイルド、コク」で計算したのでは…と思い、珈琲を楽しんでいました。
　ですが、やっぱりここは、もう少し厳密に解いてみたいと思い、「Biplot」で解いてみたのが図です。
＊
　実は、この「ポジショニング分析」は、マーケティングや営業戦略でよく使われる手法で、「多変量解析法」の「主成分分析」や「因子分析」が多用されています。
　各商品の「すきま」を「ニッチ」（niche）と言いますが、他社の製品とは違う戦略展開や商品開発にも使われる手法です。

　ただ、主成分などでは仮に「変数」（統計では「変量」）が8つあれば、計算される成分は7つ算出されるので、果たしてどれが購買上の決め手かが分かりにくい難点があります。
　それらは「寄与率」によって判断しますが、成分数が多いと、なかなか直観的には捉えにくさがあります。

　それに対して「Biplot」は、第1と第2成分へ特化できるように工夫されている手法のため、核心を探るにはこの「Biplot」はとても便利です。
　「Biplot」での寄与率は「λ（ラムダ）値」というので判断します。

第 2 章

データのスケール（「情報量」「感覚量」）

　データは、一定の条件のもとで繰り返し起こる事象と人が知覚できるすべての物事の現象を把握するために不可欠な事実や、その資料を指す用語です。

　このデータは見る視点や捉える方法によって、それらのデータに潜んでいる「何か」を探ることができます。
　ここでは、データを捉える際の基本となる「スケール」（尺度または測度：scale）について解説します。

第2章　データのスケール（「情報量」「感覚量」）

2.1　情報量

データを測る「モノサシ」を「尺度」あるいは「測度」とも言いますが、「スケール」という用語を用いることも少なくありません。

この「スケール」は、たとえば「kg」「個」「cm」や「km/h（時速）」という単位を数値に付加することで、その対象を「より具体的に対象を把握しやすくなる」ということで、「情報を共有」するには欠かせない存在です。

データの全体のボリュームは**「データ量」**と言いますが、情報が多くなることで知っておく必要があるのが、データ量の他に**「情報量」**や**「感覚量」**という考え方です。

■ データを測るには

データを測るためには「尺度」（スケール）を用いることで、対象がより具体的になります。

統計学では、この尺度を4つに分けて定義がなされています（**参考文献01、02**）。

- **順位尺度（ordinal scale）**
  身長の小さい順や成績の順番など
- **間隔尺度（interval scale）**
  曜日の間隔、時間の間隔、距離の間隔など
- **比例尺度・比尺度（ratio scale）**
  比率の間隔、0円を原点とする金額など
- **名義尺度（nominal scale）**
  名前、住所、学籍簿など

現在、「機械学習」や「AI」では、データを「これは何の尺度である」などのような定義を行なわなくても、1つの「データのパターン」として捉えます。

■ 飲食店の例

イメージをより明確にするために、飲食店のデータをどのように「測れば
よいのか」について簡単な例をもとに解説をします。

表2-1　飲食店をデータ化する そのデータ項目（属性）

	A	B	C	D	E	F	G	H	I
1	店舗名	味	ボリューム	平均単価	サービス	立地利便性	店の雰囲気	居心地	日売上（万）
2	A 洋食店	3	5	800	セルフ	駅まで5分	古い	まぁまぁ	70
3	B 食堂	4	2	700	まぁまぁ	駅まで10分	古い	良い	60
4	C レストラン	2	3	900	良い	駅まで10分	まぁまぁ	まぁまぁ	50
5	D カフェ	4	2	1000	まぁまぁ	駅まで遠い	良い	かなり良い	60
6	E ダイニング	5	1	1200	まぁまぁ	駅まで5分	かなり良い	まぁまぁ	70
7	F キッチン	3	3	650	セルフ	駅まで10分	良い	良い	60
8	G ご飯屋	2	4	850	良い	駅まで10分	古い	まぁまぁ	50
9	H ラウンジ	3	4	900	まぁまぁ	駅まで遠い	まぁまぁ	まぁまぁ	55
10	I 居酒屋	5	2	950	まぁまぁ	駅まで5分	まぁまぁ	まぁまぁ	80
11	J ビュッフェ	4	3	1100	良い	駅まで遠い	かなり良い	かなり良い	75

表2-1では、いろんなタイプの飲食店を想定してみました。

立地は都市圏でも地方圏でもかまいません。

都市圏であれば、「徒歩で行く」ことを考え、地方圏であれば、「車等で行
く」ことを考えます。

実際の解析では、

「ランチなのか」「夕食なのか」「仕事終了後の軽く一杯なのか」「季節はいつか」「曜
日は何曜日か」「給料前か、そうでないか」「天候は雨か晴れか」「時間帯は何時か」
「ひとりでの利用か、複数か」「地理的にどのような地区（商業地、オフィス街）、
駅周辺、郊外など」「ボーナス時期かどうか」「おおむねの所得はどれくらいか」
「性別と世代」「管理職かどうか」「主婦利用かどうか」「子連れかどうか」「お酒
を飲むかどうか」「店から自宅までの帰宅時間」

などを適宜付加していきます。

今回はイメージ把握を目的にしているため、表2-1の項目（属性）にして
あります。

表 2-2　飲食店をデータ化する データを設定したもの

	A	B	C	D	E	F	G	H	I
1	店舗名	味	ボリューム	平均単価	サービス	立地利便性	店の雰囲気	居心地	日売上（万）
2	A 洋食店	3	5	800	セルフ	駅まで5分	古い	まぁまぁ	70
3	B 食堂	4	2	700	まぁまぁ	駅まで10分	古い	良い	60
4	C レストラン	2	3	900	良い	駅まで10分	まぁまぁ	まぁまぁ	50
5	D カフェ	2	2	1000	まぁまぁ	駅まで遠い	良い	かなり良い	60
6	E ダイニング	5	1	1200	良い	駅まで5分	かなり良い	まぁまぁ	70
7	F キッチン	3	3	650	セルフ	駅まで5分	良い	良い	60
8	G ご飯屋	2	4	850	良い	駅まで10分	古い	まぁまぁ	50
9	H ラウンジ	3	4	900	まぁまぁ	駅まで遠い	まぁまぁ	まぁまぁ	55
10	I 居酒屋	5	2	950	まぁまぁ	駅まで5分	まぁまぁ	まぁまぁ	80
11	J ビュッフェ	4	3	1100	良い	駅まで遠い	かなり良い	かなり良い	75

　上の**表 2-2** で、「味」「ボリューム」「平均単価」は具体的な数値を入れていますが、「味」は、うまいが「5」で、そうでないが「1」の5段階尺度です。

　「ボリューム」も「かなり多い」が「5」にした5段階尺度です。

　「平均単価」は、日利用者の平均値。

　その他の項目（属性）は「アンケート」などの平均から抜き出したものとしています。

　最期の列が「1日の売り上げ（万円）」です。

　このようなデータがあれば、新たに店舗を進出する際の戦略分析ができますし、同一系列のチェーン店であれば、経営の弱点探査や店舗改善計画ができきます。

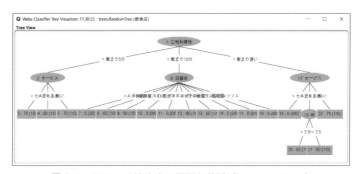

図 2-1　Weka の決定木で要因を分析（Random Tree）

　売り上げに「何が要因として関わっているのか」を探る要因分析は、機械学習の決定木（けっていぎ）で行なうことができます。

　この例では、「立地利便性」と「サービス」が「売り上げに大きくかかわっ

ている」ことが分かります。

● 売上向上のために「改善」を行なう

　せっかくなので、**表2-2**の「Jビュッフェ」を詳しく検証しましょう。
この店舗は「駅まで遠い」という立地利便性をもっています。

　地方都市であれば、車での来店ができるので、駅までの距離が「お酒を飲
む」ことがなければ、売り上げへの大きな影響はありませんので、都市圏で
あることに条件を設定しましょう。

　都市圏で「駅まで遠く」、しかも売上が他の店舗に比べ「75万/日」とい
うのは、どうしても**「何かがひっかかります」**。
平均単価も1100円です。

　このようなときは、実際の売上のデータをあえて「？」にして、この店舗
群があるエリアでの「本当ならば、いくらが日売上なのか」を予測と評価を
させてみます。

　下が「Weka」の「SMOreg（SVM：サポートベクターマシン）」がデー
タ群が近接しているときに、きちんと分離するという大きな利点があるので、
それを使って解析させてみました。

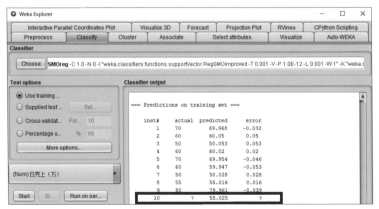

図2-2　WekaのSMOreg（SVM：サポートベクターマシン）で実際の売上を予測・評価

データのスケール(「情報量」「感覚量」)

　計算の結果は、「55万/日」です。

　当初の「75万/日」とは20万も差があります。

　これは、立地が「駅から遠い」という条件であることも考えると、利用客は周辺の方の「お馴染みさん（常連客）」であろうと推定できます。

　問題は、この常連さんが「果たして10年先も来てくれるか？」ということです。

　もし、10年先に常連さんの来店がどんどん減っていけば、店の売り上げは「55万/日」まで落ち込むというのが、機械学習による結果です。

	A	B	C	D	E	F	G	H	I
1	店舗名	味	ボリューム	平均単価	サービス	立地利便性	店の雰囲気	居心地	日売上（万）
2	A 洋食店	3	5	800	セルフ	駅まで5分	古い	まぁまぁ	70
3	B 食堂	4	2	700	まぁまぁ	駅まで10分	古い	良い	60
4	C レストラン	2	3	900	良い	駅まで10分	まぁまぁ	まぁまぁ	50
5	D カフェ	4	2	1000	まぁまぁ	駅まで遠い	良い	かなり良い	60
6	E ダイニング	5	1	1200	良い	駅まで5分	かなり良い	まぁまぁ	70
7	F キッチン	3	3	650	セルフ	駅まで10分	良い	良い	60
8	G ご飯屋	2	4	850	良い	駅まで10分	古い	まぁまぁ	50
9	H ラウンジ	3	4	900	まぁまぁ	駅まで遠い	まぁまぁ	まぁまぁ	55
10	I 居酒屋	5	2	950	まぁまぁ	駅まで5分	まぁまぁ	まぁまぁ	80
11	J ビュッフェ	5	3	1500	良い	駅まで5分	かなり良い	かなり良い	?

図2-3　店舗を次世代店主用に改善する計画

　この店舗は、常連さんによって引き立てられているであろうと考え、店主が次世代に変わっていくことを前提にすると、全体的なマーケットは「立地条件」と「サービス」に大きく影響を受けていることが最初の解析で判明しています。

　そこで、上の図2-3のように、「味を4→5」「平均単価を1100→1500」へあえて値上げし、サービス質の向上を図り、「駅まで5分」というところへ「子世代店舗の開店」を行なうことで、改善を計画してみました。

　その計算結果が図2-4です。

44

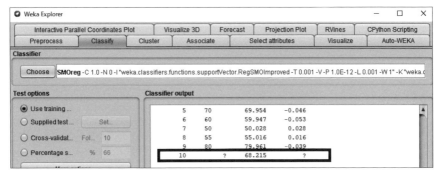

図2-4　店舗を次世代店主用に改善した予測計算

　当初の親世代の店主の「75万/日」には及ばないものの、安定的に「68万/日」が確保できそうであることが予測・評価されています。

　やはり立地は大きく影響しているのが分かります。

　予測計算を行なう際には、「?は、半角英数」で入力してください。
全角では予測ができません。

■ 情報量

　「情報量」は、「データ量」とは異なる用語です。

　情報理論の概念として「エントロピー」（entropy）がありますが、これは「クロード・シャノン」（Claude Elwood Shannon）が米国のベル研究所にいたときに「通信の数学的理論」を発表して、情報を定量的に扱えるようにしたことに因っています。

＊

　ある事象「E」が発生する確率を「$P(E)$」としたときに、その起き得た情報量「$I(E)$」とすると、

$$I(E) = \log \frac{1}{p(E)} = -\log P(E)$$

　上の式の中央の辺の式を見るとイメージが掴みやすいのですが、この式

では、

> 「起きにくい事象の情報量ほど、その値は小さい」

ことを意味しています。

＊

また、環境分野では「生物多様性の指標」の1つとして、「シャノン・ウィナーの多様度指数」（Shannon-Wiener index）というものがあります。

種の数を「S」、相対的に占める割合を「p_i」とすれば、

$$H = -\sum_{i=1}^{S} p_i \log_2 p_i$$

この式では「logの底」が「2」になっていますが、他に「10」や「e」を使うこともあります。

● 土木分野の道路問題への応用

「シャノン・ウィナーの多様性指数」は、主に生物多様性の主の分布の変容を把握するなどの問題へ応用されていますが、視点を少し大きくして概観していくと、さまざまな問題に応用できます。

たとえば、土木分野の社会インフラである道路問題に、次のように考えてみると、面白い視点で対象を捉えることができます。

＊

ある道路での交通量から、道路の維持管理を「シャノン・ウィナーの多様性指数」を使って解析をしてみましょう。

調査年度を「1年目」と「2年目」と分けて、2年の調査と仮定してみます。

> **1年目**：大型占有度合い =7、中型 =1、小型 = 1 の3種
> **2年目**：大型占有度合い =3、中型 =3、小型 = 3 の3種

とします（特に合計を10割とはしていません）。

この2か年の「道路交通量」の多様性の変容度合いを計算してみます。

> **1年目** = － (7/9*LOG((7/9),2)+1/9*LOG((1/9),2)+1/9*LOG((1/9),2)) = 0.986
>
> **2年目** = － (3/9*LOG((3/9),2)+3/9*LOG((3/9),2)+3/9*LOG((3/9),2)) = 1.585

　計算の結果は「1年目が0.986」で、「2年目が1.585」になりました。
　1年目は「大型の占める割合が多いのが、2年目では割合的には一様化している」ことが分かります。

　「多様性指数」では、1年目の「大型が多い割合」のときには、「多様性指数」が小さいということが分かります。
　言い換えれば、「多様性が少なく、ある種に特化している傾向がある」ということです。

＊

　逆に、「多様性指数」の値が大きくなると、「多様性が一様化」していることが分かります。

　つまり、道路への走行荷重の変容は、2年目には低減化していることが分かりました。
　道路の維持管理では問題となる「ポットホール」の補修と合わせて、「機械学習」「AI」にかけるデータとして使っていくことを考えれば、具体的な補修期間の回数の検証に用いると根拠のある資料として使えるということになります。

　「生物多様性」の問題では、この指数が大きくなるほど、「外来種による環境への影響」が懸念されることを表わしています。

2.2 感覚量

「機械学習」「AI」や広い視点で捉えたデータサイエンスでは、「データ」は非常に重要な位置付けをもちます。

このデータは「データ量」、そして情報の度合いを探る「情報量」がありますが、データの値を与えるために、「尺度」を用いることも少なくありません。

この尺度には、**「感覚量」**という考え方を知っておく必要があります。

■「感覚量」のデータ化

最近、病院で「痛さの度合いを 10 段階で教えてください」というポスターを目にすることが多くなりました。

この「痛さの感覚」ですが、「10 段階」では、「どうなのだろうか…」と違和感を覚えました。

● AHP 理論

政策決定理論などでは**「AHP 理論」**というのがあります。

「AHP」は「Analytic Hierarchy Process」の略で、またの名を**「階層分析法」**とも呼ばれています（**参考文献** 03）。

米国のピッツバーグ大学の Thomas L.Saaty が提唱した理論です。

この理論では、人の感覚は「9 段階」で数値化する手法をとっています。

この 9 段階は、「悪い → 1」として、「良い → 5」とすると、「どちらでもない → 3」となりますので、「少し悪い → 2」、「少し良い → 4」というようになります。

そうすると、この 5 段階の間に、「4 というよりは、もう少し良く、良いとまでは言えない」ようなときに「4 と 5 の間 → 4.5」という尺度を入れると、詳細な感覚量を探れるということを説明しています。

つまり5段階の間に、4つの尺度が入るので「9段階」という尺度が出てきます。

● 一対比較法

また、人の感覚量をこれ以上の尺度にすると、あいまいになってしまって、「よく分からなくなる」ことが指摘されています。

もう少し解説を加えますと、AHP では **「一対比較法」**（Method of paired comparisons）という方法で対象を比較し数値評価するというものです。

たとえば、「A、B、C」という3つのジュースがあったとき、「甘さ」について、A を「5」としたならば、他のBとCはどれくらい甘いのかを評価します。

このとき、A が「基準」で「5」ならば、少し甘いを「6」、甘いを「7」、さらに甘いを「8」、かなり甘いを「9」とし、逆に甘くないを「4 → 3 → 2 → 1」というように段階的な評価尺度を与えれば、A を基準とした B、C の甘さを「感覚量」として数値評価ができます。

このようなときに、感覚量の基準をできるだけ「ぶれない」ようにすることで、解析計算により安定的な評価を与えることができるのが一対比較法です。

「AHP」は、まさにこの一対比較法によって作られた理論と言えます.

*

冒頭の 10 段階尺度は、そういう意味での「10 段階尺度」は分かりやすいようで、「なんとなくあいまいになってしまうのでは…」と感じました。

「感覚量」は、さまざまな対象を数値化していく際に、特に「尺度」を感覚量で測定するときに重要な指標です。

そのためにも、「YES or NO の2段階尺度」「悪い、どちらでもない、良いの3段階尺度」「5段階尺度」「9段階尺度」は、「感覚量」の数値化にはよく用いられる尺度です。

■ 刺激の感覚量（Weber-Fechner law）

図2-5 は、「感覚量」の減衰を、音が減衰していく「状態量」になぞらえて視覚化したものです。

一般的な騒音の距離による減衰量は、音源が「点音源」とした場合に、次の式で表わします。

$$\triangle L = 20\log_{10} R + q$$

L：音圧レベル (dB)、R：距離 (m)、q：放射係数

図2-5 は、もとの感覚量から減衰して様子を図示したものです。
直線的に減少するのではなく、ゆっくり減少し、x 軸（ヨコ軸）が右にいくほど、減少量は少なく低減していくことが分かります。

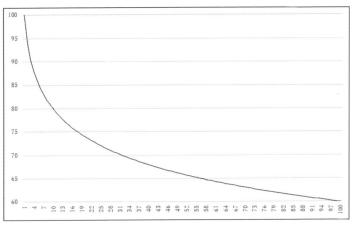

図2-5　感覚量の減衰

実際の「ヴェーバー・フェヒナー則」（Weber-Fechner law）は「刺激の感覚量」として応用されることが多いと言えます。
この減少曲線は、「記憶」「痛み」「音」などを想像して頂ければ、低減の様子がイメージできるのではないでしょうか。

実際の「ヴェーバー・フェヒナー則」は、感覚量を「E」とし、刺激の強

度を「R」、それらの定数を「C」としたときに次の式で示されます。

$$E = C \log R$$

　この感覚量は、人の五感のすべてに近似を与えることが知られています（**参考文献 04**）。

＊

　また、余談ですが、天文学の天体の等級は「対数スケールの尺度」を用いて表わすことを、英国の天文学者の Norman Robert Pogson が 1856 年に提唱し、現在でも使われています。

　データを測る際には、こうした「情報量」や「感覚量」という概念は、対象をより明確に把握するためには重要な考え方です。

第3章

データの次元（あいまいな次元）
「フラクタル次元」を利用した
実務で使える面白い応用

　データを「次元」という切り口で捉えることで、いろんな事象や現象の中に存在する「あいまいさ」も解析していくことができます。

　日常的には、「1次元、2次元、3次元」は物理的な空間として認知できますが、「1次元の線よりは複雑」だが、「2次元の平面とまでは言えそうもない」というのは、「1次元」と「2次元」の間に「何かが存在している」ことを示唆しています。

　ここでは、こうした「データの次元」を分かりやすく解説していきます。

3.1　あいまいな次元

「次元」という考え方は、データを解析するためには知っておくことが望ましい考え方です。

ある対象を捉えるには、「kg」「cm」「cc」などの単位が付加することで対象はデータを通じて分かりやすくなります。

それと同じように、対象をデータによって解き明かしていくときに、次元という捉え方は、「機械学習」や「AI」を使って解析を行なう際にも大変役に立ちます。

■「あいまいさ」のデータ

日常の事象や現象の中には、常に「あいまいさ」というのがあります。

「風邪のような、そうでないような・・」なども、「あいまいな状態」であると言えます。

ここでは、この「あいまいさ」を機械学習やAIによって解析していくために、具体的に捉える方法について解説を行ないましょう。

●「ソーシャル・ディスタンス」（社会距離）と隠れた次元（The Hidden Dimension）

2020年は、「Covit-19」（Coronavirus disease 2019：新型コロナウイルス）によって世界中が大きな影響を受けました。

この「Covit-19」で日常的な用語になったのが、「ソーシャル・ディスタンス」（社会距離）です。

この「社会距離」は、自分と他の人との公衆衛生視点から見た物理的な距離のことを指しています。

*

実は、この「社会距離」という概念は、1970年にエドワード・ホール（Edward T.Hall）によって「THE HIDDEN DIMENSION」（隠れた次元）という著書によってはじめて「社会的な距離」が概念として登場しました（**参考文献01**）。

● 隠れた次元

隠れた次元とは、人や動物などの行動から発生する「ある距離」が存在しているという「空間距離に対する概念」です。

著書の Edward T.Hall は米国の文化人類学者で、セイウチや鳥などの動物だけでなく人にも「ある距離が存在している」ことを実証的に、その概念を主張しました。

また、人間における距離を、

密接距離	非近親者が入り込むと生理的な不快感を示す距離
個体距離	生物が自己と他の間に保つ防御領域
社会距離	特別な努力をせずに相手に触れたり、触れようとしたりできない距離
公衆距離	普通の声で話される意味の細かいニュアンスが感じ取れない距離

という「4つの距離」によって人間の距離が存在していることを実証的に示しています。

図3-1　人間社会の「4つの距離」

たとえば、「人の握手」「数人での立ち話」「バス停での人の待ち行列」「会議」「演説」「恋人同士の会話」などに「ある（空間的な）距離が存在」していることを、「隠れた次元」と呼んでその概念を説明しました。

個体間には、ある「（だいたいこのくらい）というあいまいさ」をもつ距離があります。

この考え方は、人も含めた動物における「距離の調節」を「組織化のモデル」という言葉で説明しています。

つまり、「自己組織化の現象」が起きることを表わしています。

*

「あいまいさ」と「組織化のモデル」という「感覚的な概念」をどのように「データ化」していくのかということは、さまざまな事象や現象を解明してメカニズムを探るためには、「従来の次元」とは異なる、新しい発想の**「非整数次元」**という考え方を知っておくことが必要になってきます。

● **「非整数次元」という考え方**

「あいまいさ」を具体的に捉える方法に「非整数次元」という考え方があります。

たとえば、「線よりは複雑だが平面よりは、もっとシンプルだ」というようなものです。

具体的には、「川」がその1つです。

うねって曲がった「川」は、確かに単純な「1次元の線」よりは複雑ですし、そうかと言って「2次元の平野のような面」とまでは言えないと考えてみると、イメージがしやすいと思います。

つまり、「1次元より大きく、2次元よりは小さい値をもつ次元」ということなので、**「1と2の間の次元」**ということになります。

この次元を**「非整数次元」**と呼んでいます。

*

この「非整数次元」の基礎理論は**「Fractal 理論」**です。

フランスの数学者の Benoît B. Mandelbrot によって 1975 年に発案されたものです。

■ 整数次元と非整数次元（小数次元）

次元には、「1次元、2次元、3次元」などのように整数で表わされる次元が最も一般的で馴染みのあるものです。

この「整数次元」の拡張として「1.2次元、2.3次元、…などのような非整数次元」があります。

この「非整数次元」は**「小数次元」**とも呼ばれます。

簡単に「小数次元」を概説しましょう。

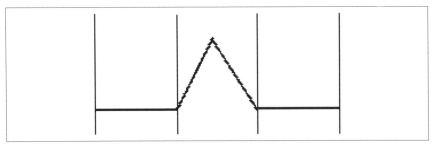

図 3-2　Koch 曲線

　上の**図 3-2**は、横の線を 3 等分し、4 個の部位（セグメント：segment）に分けてある図形です。
　これは線分によって構成されていますが、**「koch（コッホ）曲線」**と呼ばれる図形です。

　これを対数で表わすと、**「Fractal 次元」**（Fd）という小数次元が求められます（**参考文献 02**）。

$$Fd = \log_3 4 = 1.2618\ldots$$

　等分した領域が「3」で部位が「4」なので、**「3 を底とした 4 の対数」**で表記できます。

　その対数を計算した結果が「1.2618…」です。
　これは Excel で「=log(4,3)」と入れて計算できます。
　つまり、**図 3-2**の「Koch 曲線」の「次元は 1.26… 次元」という「小数次元」です。

　この分割を限りなく行なっていくと、下のような曲線になっていきます。

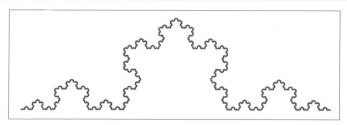

図3-3 Koch 曲線の連続化（出典：Wikipedia；コッホ曲線）

■ Fractal 次元（Hausdorff 次元）

下の**図3-4**は、「川の蛇行」や「コンクリートのひび割れ」などへ拡張できるように、より蛇行を大きく複雑にしたものです。

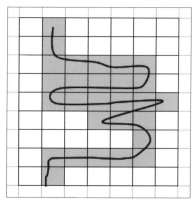

図3-4 「川の蛇行」、「ひび割れへの拡張」

この図を見ている限り、「1次元の線よりは複雑」で、「2次元の面とまでは言えない」ことが分かります。

このような「あいまいな情報」をどのように「データ化」するのかを考えると、「データの次元化」で捉える方法があります。

*

任意の大きさの「正方形」で対象「X」が全体的に入るように「メッシュ化」を行ないます。

メッシュの正方形に内包される円の直径を「d」として、対象の「くねくね線」が含まれる正方形の数を「N個」としたときに、次のような式が成立

するのが**参考文献**02 に示されています。

$$\ln \mathrm{d}(N) = -k_0 \ln d + \ln \mu$$

このときの「k_0」を対象領域「X」の「Fractal 次元」と呼んでいます。
「ln」は自然対数です。

図 3-4 の「Fractal 次元」を求めたのが**図 3-5** です（厳密には「Hausdroff 次元外測度」です）。

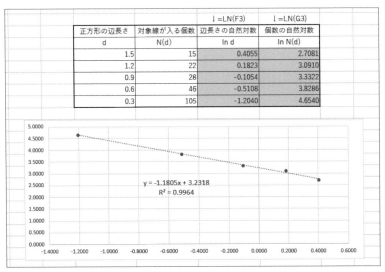

		↓=LN(F3)	↓=LN(G3)
正方形の辺長さ	対象線が入る個数	辺長さの自然対数	個数の自然対数
d	N(d)	ln d	ln N(d)
1.5	15	0.4055	2.7081
1.2	22	0.1823	3.0910
0.9	28	-0.1054	3.3322
0.6	46	-0.5108	3.8286
0.3	105	-1.2040	4.6540

y = -1.1805x + 3.2318
R² = 0.9964

図 3-5　図 3-4 の Fractal 次元の算出（表の上の↓は Excel で計算するときの関数）

図 3-4 は「一辺が 0.9cm の正方形で、蛇行する線が掛かっている部分が、28 個ある」というものです。
　その他の「正方形の辺の長さを適宜変えて、表では 5 パターン」を作成しました。

　次の**図 3-5** の中の表の右列の「ln d」と「ln N(d)」の 2 つを（x,y）座標として考えると、**図 3-5** のように「散布図」が描けます。
　この散布図の点を結んだ「回帰線」を Excel で求めたものが**図 3-5** の下側の図です。

　これに「近似線」を「直線」として「R^{2}の決定係数」にチェックを入れれば完成です。

　図 3-5 の「回帰線」にある係数「1.1805」が、図形 X にある「くねくね線の Fractal 次元」になります。

　つまり、この**図 3-4** の「くねくね線を河川であると考えた場合」には、「この河川の Fractal 次元は 1.18… 次元」ということになります。

　確かに、「1 次元の線よりは複雑だけど、2 次元の面よりは単純である」ことが分かります。

　このように、データ化を行なう際に、「あいまいな図形等の情報」を具体的なデータ化する方法として、「非整数次元の Fractal 次元」を使うことで、あいまいさを数値化することができます。

● 2 次元と 3 次元の「はざま」
　「1 次元と 2 次元のはざま」の世界は何となくイメージできたのではないでしょうか。
　では、「2 次元と 3 次元のはざま」の世界には、どのようなものが知られているのでしょう。

　それが次の**図 3-6** の「シェルピンスキーのギャスケット」（Sierpinski Gasket）です。

図 3-6　シェルピンスキーの
ギャスケット（Sierpinski Gasket）

　図 3-6 は、無数に続く三角形によって作られています。

これを応用した 3 次元化したものが、「送電線の鉄塔」の鉄骨の**トラス構造**です。

最小限の応力の伝搬だけにして「ぜい肉」をそぎ落とした構造です。

「3 次元」と呼ぶにはシンプルで、「2 次元」よりは複雑です。

面を三角錐にすると送電線鉄塔がイメージできます。

ただし、厳密な「2-3 次元」では、正三角形を 8 面で構成する「正八面体」の場合です。

面としては、

$$\frac{\ln 3}{\ln 2} = 1.5849\ldots$$

という「小数次元」なので、「1 次元と 2 次元の間」にあることが分かります。

＊

また、点と線の間の「0 次元と 1 次元の間」のものに、**「カントール集合」**（**Cantor set**）というものがあります。

参考までに、Excel の VBA で「シェルピンスキーのギャスケット」を作図するプログラムを掲載しておきます。

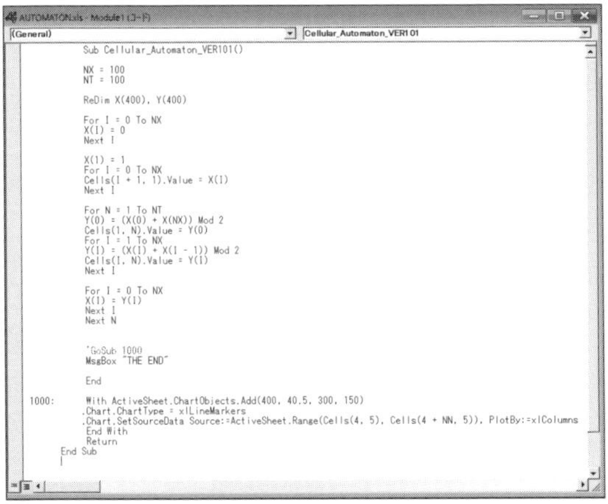

図 3-7　Excel の VBA で「Sierpinski Gasket」を作図するプログラム

3.2　「フラクタル次元」を利用した中小河川の流域治水への応用

　「Fractal 次元」を、対象の「くねくね図形」をもとに、「くねくねの単純化」と「複雑化」を考えてみると、単純化されれば「直線性」が増し、複雑化すれば「蛇行性」が増すことを意味しているのが分かります。

　この「くねくね」を「河川」へ応用することを考えてみましょう。

■ 中小河川の調査

　2019 年 10 月 12 日の台風 19 号（令和元年東日本台風、タイで命名されたアジア名「Hagibis」（すばやいの意味））は関東、甲信、東北地方で甚大な被害をもたらした台風です。

　2020 年 4 月 10 日時点で国交省堤防決壊箇所一覧では、「20 水系、71 河川、142 か所」の決壊が報告されており、氾濫河川は「延べ 325（2020 年 10 月 12 日報道 NHK）」です。

　これらの原因には、地球温暖化による異常気象と、それに影響された「気圧によって動きが取れない線状降水帯が長時間にわたって発生した」ことが挙げられています。

これらは、降雨量の想定確率年の 200 年級を超える確率で発生した

ということです。

　そうした 200 年を超える確率の災害の頻度が増してきていることが報告され約 30 年で 1.4 倍になってきています。

＊

　こうした背景を踏まえ、国交省は平成 29 年 7 月の九州北部豪雨以降、全国の中小河川の約 2 万の河川について緊急点検を実施するプロジェクトを行なっています。

　この中小河川の調査は、河川が本流へ合流する前に、本流の流量が多すぎ

て流下ができない「バックウォーター」による河川氾濫が多く発生したことなどに起因しています。

　対象の「河川」は、その形状が「直線的」か「蛇行度が多い」かによって、危険度の程度が大きく変わります。

　つまり、

> ・直線性が高い → 流下速度が速く本流へ至る → 合流部の河川幅員へ影響
> ・蛇行度が高い → 対岸側への越流・氾濫の危険性が高い → 洗堀による土砂崩壊へ影響

ということが想定できます。

　そのため、これらの「直線性」と「蛇行度」を「あいまいな感覚量ではなく、具体的な数値指標化すること」が必要になります。
　この考え方を実現するのが「小数次元による数値指標化」です。

　具体的に中小河川を評価するための「データ化」の指標を参考例として次に解説しましょう。
　図 3-8 がそのデータ化のための参考例です。

A	B	C	D	E	F	G	H	I
1	1	2	3	4	5	6	7	8
2	流域水系	流出量(mm/h)	流出率	降雨量(mm/h)	降雨時間	貯留高(mm)	飽和雨量(mm/h)	モデル定数k
3	A 流域							
4	B 流域							
5	C 流域							
6	D 流域							
7	E 流域							
8	G 流域							
9	:							
10								

I	J	K	L	M	N	O	P	Q	R
8	9	10	11	12	13	14	15	16	17
モデル定数k	モデル定数p	集水面積	平均勾配	植生区分	土壌区分	地層区分	合流河川幅	Fractal次元	危険度

図 3-8　中小河川の氾濫・土砂崩壊へ対応する流域治水のタンクモデルの機械学習データ表
（ 変数（属性）は 9 番目列のモデル定数までが参考文献 03,04 からのもの）

*

　ここまでくれば読者の皆さんは、あとは「機械学習」「AI」によってパターン認識をさせることで、「分類」「予測（評価）」へもっていけるということが分かるのではないかと思います。

　この際に、「機械学習」「AI」で計算させる場合に注意すべき点は、**「（同じ列や行のデータが同一値をとる）偏差平方和の問題」**です。

　データが「0」や同じデータだけの場合は、「偏差平方和」が求められませんので、計算過程で「エラー」になります。
　そのときは、同一データがある列や行のデータを削除すれば、計算は可能になります。

3.3　1次元から0次元の「はざま」の視点で捉える 過疎化の「カントール集合化」のモデル

　図3-9は、全国の地方都市で顕著化している「過疎化現象」をイラストで表わしたものです。

　図の上から、初めは「通りいっぱいの商店街」などが、少子高齢化によって時とともに人口減少が進む様子を示しています。

　どんどん「歯抜け現象」しているのが分かります。

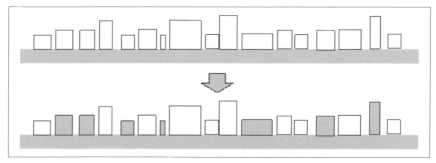

図3-9　さまざまな地方都市で問題化している過疎化現象
（グレー部分は未使用または休業・廃業店舗など）

上の状態を、下のようにさらに単純化して見てみましょう。

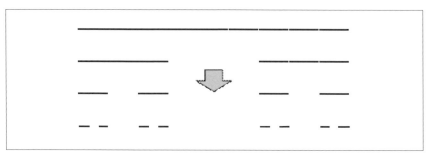

図3-10　カントール集合（Cantor set）

図3-10 は「**カントール集合**」（Cantor set）と呼ばれる Fractal 構造を
もつ閉区間 [0,1] に存在する実数の集合です。

1874年に英国の数学者 Henry John Stephen Smith によって発見された
集合です。

「カントール集合」は、「1次元（線）から0次元（点）」との「はざま」
に存在する「Fractal 次元」（厳密には Hausdroff 次元）です。

つまり、「線よりは簡単で、点よりは複雑」ということです。

これを応用して「地域の過疎化の数値指標」を作ることを考えましょう。

■「国勢調査」を利用

過疎化が数値指標化されれば、

空き店舗、空き家、廃屋、医療・福祉・介護、交通、買い物対策支援、道路な
どのインフラ整備の緊急度、中小河川への補強対策、土砂崩壊への早期対応

など、さまざまなものへ活用していくことができます。

2020年は「国勢調査の年」でした。

過疎の状態を数値指標化するために、「長野県 平成27年国勢調査 人口等
基本集計結果（人口および世帯数の確定値）；長野県公式サイト」からデー
タを使って「カントール集合化のモデル」にトライしてみましょう。

＊

計算方法は先の河川のモデルと同じ Excel で簡単にできます。

長野県 平成27年国勢調査 人口等基本集計結果(人口及び世帯数の確定値)				
年次	世帯数	人口	dの自然対数	N(d)の自然対数
	d	N(d)	ln d	ln N(d)
平成 7 年	713,414	2,193,984	13.4778	14.6012
平成 12 年	758,164	2,215,168	13.5387	14.6108
平成 17 年	780,245	2,196,114	13.5674	14.6022
平成 22 年	794,461	2,152,449	13.5854	14.5821
平成 27 年	807,108	2,098,804	13.6012	14.5569

図 3-11　長野県の人口・世帯数から過疎化指標の Fractal 次元を求める

平成7年から平成12年までは、人口と世帯数は増えているのが分かります。
しかし、その後、人口は減少の一途をたどっています。

単純には、「人口減少はしょうがない…」とは済まないことが、この後の
計算で出てきます。

2つのデータ（平成7年と平成12年のように）を先の河川と同じように
表現します。

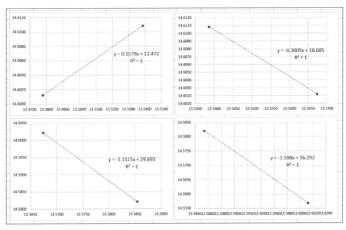

図 3-12　長野県の人口・世帯数の過疎化指標の Fractal 次元

図3-12 の上段左が平成7-12、右が平成12-17、下段左が平成17-22、右が平成22-27 です。

グラフの近くに近似式が表示されています。

「R^2」は「決定係数」（当てはまりの良さを示す係数）です。

平成7-12 の「Fractal 次元」は、「0.15（小数第3位以下切り捨て）」で、平成12-17 は「0.30」です。

ここまでは、「0次元と1次元のはざま」ということが分かります。

ここでは係数の傾きを示す±の記号は考えなくてもかまいません。

下段からは、「1.11」、そして「1.59」となっています。

ここは「カントール集合」ではありません。

「Fractal 次元」は、

数値が小さいほど単純化し、大きくなると複雑化を示す

というのが、「Fractal 次元」の特徴です。

線よりは面、面よりは立体になるにつれ複雑化するからです。

ここで単純な疑問が湧きます。

人口が減少して人が減っているのに、なぜ複雑なのか？

ということです。

＊

もう一度、データを見てみましょう。

データからは、「人口」は平成12年をピークに減っている…けど、実は「世帯数」は増えています。

実務者がデータ分析をする際や、データで「機械学習」「AI」によって学習させるときに、分析者が陥るパラドクス※は、ここにありました。

※ paradox：正しそうに見えて、受け入れがたい結果に遭遇する落とし穴

つまり、人口は減っているが世帯数が増えているということは、家屋など
で暮らす人の数が核家族化して、家屋に住む人が「3世代で大勢 → 4人 →
2人 → 1人 → 0人」という現象が現われていると考えると理解できるので
はないかと思います。

　「人口」は減っているが、「世帯数」が増えているというのは、子世代の独
立、親と離れた分家化などによって引き起こされたことも要因の1つであ
ろうと推定できます。

　このような状態であれば、関連して、医療・福祉・介護・移動などでも世
帯数が増えるにしたがって「複雑化」していくのではないかと思われます。
＊
　ここでは、「中小河川の災害」「少子高齢化による人口減少問題」を「Frac
tal次元」という数値指標によって表わすことを解説しました。

　現時点で、この方法についての論文や既往の図書は見当たりません。
　そういう視点では、データサイエンスの視点（複雑系科学）で、「機械学習」
「AI」を行なうというときに、「どのようにデータを捉えるか？」ということ
とが大切です。

　「Fractal」というExcelで計算できる方法によって「あいまいさを数値指
標化できる」ということは、新しい仕事の開拓や、住民に寄り添った質の高
い行政の公共サービスを実現するために、役に立つのではないかと思い
ます。

[Column②]「佇まい」の風景

　最近では、あまり見聞きすることが少なくなってきたように感じる「佇まい」（たたずまい）という言葉があります。

　いつも「佇まい」とくれば、どういうわけか小林秀雄を連想します。

＊

　広辞苑によると、この「佇まい」は「人やものが立っているさまや、そこに存在するものの様子」または「人の生き方、暮らし方」と解説があります。

　また、「精選版 日本国語大辞典」では、次のような解説が載っています。

名〙（動詞「たたずまう（佇─）」の連用形の名詞化）

① 立っているようす。また、そこにある物のようす。ものの姿。ありさま。

※東大寺諷誦文平安初期点（830 頃）「経行（タタスマヒ）も吉く遠見も怜（おもしろし）」

※増鏡（1368-76 頃）五「山のたたずまゐ木深く、池の心ゆたかに」

② 身をおく所。人の生き方、暮らし方。また、転じて、生業。

　作家「小林秀雄」の「無常という事」の中に、法然などの浄土宗高僧の短文を集めた鎌倉時代の法語集「一言芳談抄」の一言が冒頭の起こし文になっている散文がよく知られています。

「ある人いわく、比叡の御社に、偽りてかんなぎの真似したる生女房の、十禅師の御前にて、夜うち更け、人静まりて後、ていとうていとうと、鼓を打ちて、心澄ましたる声にて、とてもかくても候、なうなうとうたひけり。其心を人にしひ問はれて云、生死無常の有様を思ふに、此世のことはとてもかくても候、なう後世を助け給へと申すなり。云々」

というものです。

　小林秀雄のこの散文は頭にこびりついていて京都・大和路の古都を一人旅をしたとき以来、「佇まい」というのは、ある全体を形づくる「何か」が、心象風景となって「新しい原風景」となり甦るたびに、この「佇まい」に「侘び寂び」（わび・さび）が密接に係わっているような気がしていて、「どうしても、この「佇まい」を解いてみたい」という思いに駆られていました。

＊

　コラムなので、詳細な「佇まいを探る数学のメカニズム」は別稿に譲ることにして、「佇まい」を探る手法として自己組織化で提案した学会論文から紹介してみたいと思います。

Column 写真 1　長野県松本市「蔵のあるまち中町と大正ロマンのまち上土町」
（出典：参考文献 01）

　写真は、上段の 4 枚が「蔵のあるまち中町<small>なかまち</small>」で、下段の 4 枚が「大正ロマンのまち上土町<small>あげつち</small>」の一角です。中町は、昔からの街並みで、大正ロマンの町は人為的に作られた町です。

　下の**図 2**は、図中にも記載があるように、左 2 つが「中町」で、3,4 番目が「上土町」の自己組織化臨界状態解析の結果です。
　これらはフラクタル理論の創始者の Benoît B. Mandelbrot の「統計的自己相似性」を用いて計算しています。

> ※（マンデルブロ（広中平祐訳），フラクタル幾何学，日経サイエンス社，1984.12.1.）

　そして右が自己組織化がない空間を人為的に作った「疑似一様乱数」の街並みで、すべての建物がバラバラで一体性があまりない街並みを数理モデルで作った「仮想街区」です。

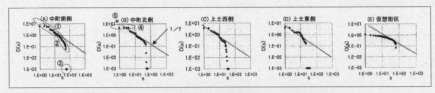

Column 図2　自己組織化臨界状態解析（出典：参考文献01）

　図2の左の①、④は、一定の「佇まい」を生み出す群が見られています。②、③、⑤は「全体性に欠ける部分」です。

　また、「1/f」は「ゆらぎ」の代表的な「1/fゆらぎ」です。

*

　冒頭で出てきた「侘び 寂び（わび・さび）の佇まい」を解きたいのであれば、「侘びは空間の中にある素朴な美しさ」、「寂びは時間とともに朽ち往く無常の美しさ」と考えれば、これらの状態を構成する空間と時間の要因や要素を変数とすることで計算できます。

　その結果の中に「（自己）相似性」があれば「佇まいの風景」を表現することができます。

*

　このように「美意識」を計算によって求めるのは「果たして…（どうなのだろうか…）」とも思いますが、昔からある「ある風景」を未来へも継承して行こうとするならば、やはり第三者も再現可能な客観的な指標があるのは邪魔とは言えないような気がします。

【 分析解説 】

　解析した図の見方は、「直線性がある部分」と「非直線性の部分」に着眼します。
　その境目を「自己組織化の臨界点」と呼んでいます。
　「直線性」があるとは、「何らかのルールが存在する」ことを意味しています。

【 参考文献 】

01：和田尚之，奥谷 巖，時間依存の影響量を考慮しない商空間の特性定量化の手法の研究（地域分析における自己組織化臨界状態に関する応用研究 その1），

第3章 データの次元（あいまいな次元）

日本建築学会計画系論文集，第 557 号，pp225-231，2002.7.
02：小林秀雄，モオツァルト・無常という事，新潮文庫，1961.5.17.（モオツァ
ルトでは、交響曲第 40 番について「悲しみは疾走する」で有名です）。また、
モオツァルトのソナチネ第 1 番第 4 楽章は「工学社，「機械学習」と「AI」のは
なし，2020.9.25.」の音声処理 p119 で解いたものがあります。

第4章

「数値データ」の解析

　数値データの応用例として、「#7119の救急車を呼ぶ前に」「キュウリの病害画像」「季節変動を受けるバラつきある時系列データ」を参考例題として解説します。

　病害画像では、他のフリーソフトと併用した事例を紹介します。

　それと合わせて、機械学習の手法（アルゴリズム）の中で、どのような手法だと解析精度が高いのかを紹介し、他の手法との精度の違いなども解説します。

4.1　#7119 救急車を呼ぶ前に
（Projection Plot：影響の大きい要因探査）

　「#7119」という言葉を見聞きしたことのある方もいるのではないかと思います。

　この番号は、「救急車を呼ぶかどうか、判断に迷ったときに掛ける救急安心センター」の事業として総務省消防庁によって適切な救急医療を実施するために作られたものです。

　2019年12月1日時点で、全国でも16の地域で実施されていますが、まだ普及途上にあります。

　これらの普及をしていくにあたり、活用していない自治体や民間企業の総務系部署の人が「影響の大きい要因探査」へ応用できるように「Projection Plot」を使った基礎例を紹介します。

4.1.1　緊急度判定プロトコル

　現在、消防庁によって、「緊急度判定プロトコル Ver.2」というのが公開されています。

> ※「プロトコル」（protocol）とは、複数の人がある対象を確実に実行するための手順のこと。

　消防庁のプロトコルでは、「（住民用）家庭自己診断」「（救急相談員用）電話相談」「（消防の通信指令員用）119番通報」「（救急隊員用）救急現場」の4つがあります。

この節では、**地方自治体や民間企業の総務系部署の人が知って使えることを前提**に、「（救急相談員用）電話相談」について解説します。

■ 緊急判定 電話相談（救急相談員）の緊急度

　緊急度のプロトコルは、「一般症候が 79」「小児専用の症候が 18」あります。

　参考までに、イメージを深めるために**参考文献01**に記載されている目次のプロトコルの症候を掲載します。

　これらの症候は、医師が直接判定できないような場合の「119」に電話を掛けるかどうかを迷っている場合に、事前に相談できるように開設された窓口です。

　まだ全国に普及していませんが、こうした動きは少しずつ各都道府県の市町村へも広がりを見せ始めています。

　そういう背景を踏まえ、自治体の職員などが AI の学習を進めながら、データを蓄積することで実用化へ供することができるようになるのではないかと思います。

　症候の項目はかなり多いので、電話相談の際は、「大区分 → 中区分 → 小区分化」していくことが必要です。

表4-1　緊急判定 電話相談（緊急相談員）のプロトコル一覧（出典 参考文献01）

<プロトコル一覧>

症候1．息が苦しい（成人）　………………………………………7
症候2．呼吸がゼーゼーする（成人）　……………………………8
症候3．ぜんそく発作（成人）　……………………………………9
症候4．動悸（成人）　……………………………………………10
症候5．意識がおかしい（成人）　………………………………11
症候6．けいれん（成人）　………………………………………12
症候7．頭痛（成人）　……………………………………………13
症候8．胸が痛い（成人）　………………………………………14
症候9．背中が痛い（成人）　……………………………………15
症候10．ろれつが回らない（成人）　……………………………16
症候11．腰痛（成人）　……………………………………………17
症候12．失神（成人・小児）　……………………………………18
症候13．風邪をひいた（成人）　…………………………………19
症候14．発熱（成人）　……………………………………………20
症候15．発疹（成人）　……………………………………………21
症候16．のどが痛い（成人）　……………………………………22

（途中略）

症候67．ガス吸入・液体誤飲（気管に入った場合）（成人・小児）　…………76
症候68．薬をたくさん飲んだ・間違った薬を飲んだ（成人・小児）　………77
症候69．眼内異物（成人・小児）　………………………………78
症候70．コンタクトレンズ関連（成人・小児）　………………79
症候71．鼻腔内異物（成人・小児）　……………………………80
症候72．魚骨咽頭異物（成人・小児）　…………………………81
症候73．直腸内異物（成人・小児）　……………………………82
症候74．膣内異物（成人・小児）　………………………………83
症候75．皮膚異物（成人・小児）　………………………………85
症候76．食中毒（成人・小児）　…………………………………86
症候77．熱中症（成人・小児）　…………………………………87
症候78．低体温（成人・小児）　…………………………………88
症候79．しらみ（成人・小児）　…………………………………89

　上までの表が緊急度判定プロトコルですが、全容を把握するための判断フローは、次の図によって判断指標化しています。

　このフローは電話相談を受けた時の一般的な「対応手順」にあたりますが、これを時間短縮の緊急性のある相談として、「相談 → データ化 → 判定計算 → 判定評価」ができるようにします。

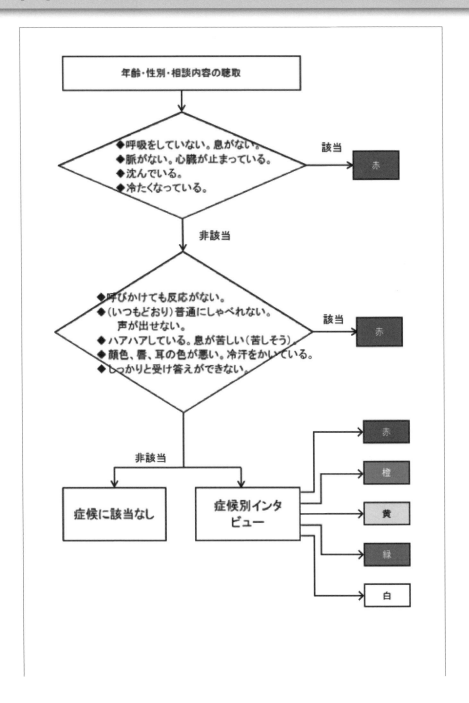

緊急度	定義
赤 （最緊急・救急車）	・すでに生理学的に生命危機に瀕している病態 ・増悪傾向あるいは急変する可能性がある病態 ※気道・呼吸・循環・意識の異常、ひどい痛み、増悪傾向、急変の可能性から総合的に判定する
橙 （緊急・非救急車）	・時間経過により症状が悪化する可能性があるため、直ちに受診が必要な病態
黄 （準緊急）	・時間経過により症状が悪化する可能性があるため、受診が必要な病態
緑 （非緊急）	・上記には該当しないが、受診が必要な病態
白 （受診不要）	・医療を必要としない状態

図 4-1　緊急判定 電話相談（緊急相談員）のプロトコルの判断指標チャート
（出典 参考文献 01）

■ 電話相談での実際

次に、具体的な電話相談での「Q&A」です。

表 4-2　プロトコル共通項目（出典 参考文献 01）

電話相談の段階	質問内容
認証段階：救急相談か否か、本人通報か否か、年齢、性別、主訴の確認。なお、CPA と関連が強いいくつかのキーワード（※）を設定し、該当した場合には 119 番への転送を行う。	Q1　医療機関をお探しですか、救急に関する質問ですか？
	Q2 （救急に関する質問ならば）どなたがどうされましたか※？
	Q3 （相談者が相談対象者でない場合） 　　　そばに行けますか？（可能ならば対象者と話す）
	Q4　あなたは（対象者は）何歳ですか？ 　　　男性ですか？女性ですか？
救急医療相談段階：	Q5　どうされましたか？（主訴の再確認）
	Q6　バイタルサインに関わる質問：表3
	⇒Q6 の該当項目がなければQ7：各主訴・症状別のプロトコルへ進む

表4-3　心肺停止と関連が強いいくつかのキーワード（出典 参考文献01）

キーワード	実際の口語表現
呼吸なし	呼吸をしていない、呼吸がない、息をしていない
脈なし	脈がない、心肺停止、心臓が止まっている
水没	沈んでいる、水没していた
冷たく	冷たくなっている

表4-4 バイタルサイン（気道・呼吸・循環・意識）に関する質問（出典 参考文献01）

質問番号	質問の例	異常の判断
Q6-1	呼びかけても反応がありませんか？	「異常あり」→119番転送 「異常なし」→Q6-2へ
Q6-2 気道の確認	（いつもどおり）普通にしゃべれますか？ 声は出せていますか？	「異常あり」→119番転送 「異常なし」→Q6-3へ
Q6-3 呼吸の確認	ハアハアしますか（ハアハアしていますか）？ 息は苦しい（苦しそう）ですか？	「異常あり」→呼吸困難へ 「異常なし」→Q6-4へ
Q6-4 循環の確認	顔色、唇、耳の色が悪いですか？ 冷や汗をかいていますか？	「異常あり」→119番転送 「異常なし」→Q6-5へ
Q6-5 意識の確認	しっかりと受け答えができますか？	「異常あり」→意識障害へ 「異常なし」→Q7へ

　図4-1、表4-1から4-4までをよく吟味すると、「どれも緊急で、救急車のコールが必要！」ではないかと思うような内容です。

　「#7119」の重要性は、「**本当に、この電話は緊急対応対象者か？**」という、救急車をタクシー替わりに使う人が多発していることから、救急車が本当に必要として人へ対応ができなくなることから生まれた「緊急相談」です。

　なぜなら、息をしていない、意識がないなどは、相談よりも直ちに救急車を呼ぶ必要があるのは明白なことです。

　ここまでのプロトコルを「機械学習」「AI」のシステム化しても、あまり意味はないように感じられます。

　次に、同参考文献の「症候例」には、「どうしてよいのか迷う際の具体的なQ&A」がありますので、小児の1つの症候（食欲がない）を掲載します。

表4-5　小児に関する質問（出典 参考文献01）

P-17　小児　食欲がない			non-A

「食べない」「食べられない」「食べたがらない」など

Q7　主訴に関わる項目の確認（いつから、どの程度の期間など）			

Q8　以下の項目に該当するか	はい	選定科の例	想定疾患等

Q9　以下の項目に該当するか	はい	選定科の例	想定疾患等
1. 元気がなく（かつ）ぐったりしていますか？	橙	小児科	

Q10　以下の項目に該当するか	はい	選定科の例	想定疾患等
1. 尿量や尿の回数が減ったり、尿の色が濃くなったりしていますか？（脱水徴候）	黄	小児科	脱水症
2. 発熱はありますか？	黄	小児科	➡ P-1 小児_発熱
3. 吐き気（または）嘔吐がありますか？	黄	小児科	➡ P-8 小児_吐き気・嘔吐
4. 下痢をしていますか？	黄	小児科	➡ P-9 小児_下痢
5. おなかを痛がっていますか？	黄	小児科	➡ P-10 小児_腹痛

Q11　以下の項目に該当するか	はい	選定科の例	想定疾患等
1. 口の中を痛がっていますか？（または）口内炎がありますか？	緑	小児科・かかりつけ	
2. おなかが張っていますか？	緑	小児科・かかりつけ	

Q13　以下の項目に該当するか	はい	
1. 1歳未満か？	→	選択した緊急度をさらに上げることを考慮する。または医師に助言を求める。

上記のすべての項目に該当しない場合（適宜医師に助言を求める）
現時点では緊急性はありません。ただし症状が悪化した場合や変わらず続く場合や、他の症状が出現した場合には、診療所や病院への受診をお勧めします。

　項目が、9項目なので、具体的な「症候」さえ特定できれば、この細目でおおむね2分か3分で「救急車対応かどうかの判断」ができます。

　ただ、ここで問題になるのは、「救急相談員」の経験と専門性の有無です。

　地方都市では、医学や看護の専門的知見を有する人が「夜間まで対応でき

るほど人材を確保できるのか」という疑問が浮かびます。

　もし、なんでもかんでも救急車となれば、何のための「救急相談なのか」ということで、時間も経費も無駄になります。

　こういうときにこそ、「機械学習」「AI」は威力を発揮します。

4.1.2	「機械学習」「AI」処理のための データ構築への一歩

　「電話相談」と言っても、世間話をしているわけではないので、「至急」であることは間違いありません。

　そうであれば、電話を受けてから長くても3分以内には「適正な判断」をできるように考える必要があります。

図4-2　緊急判定 電話相談を「機械学習」「AI」のシステムで動かす流れ
（受電後3分以内目標）

　上のように、電話で相談を受電する前に、先にパソコン上で、「Excel」と「weka」の2つを立ち上げておきます。

　電話が来たら、どのような症候なのかを確認し、相談者の状況を聞きながら、Excelの「症候別」フォルダからファイルを呼びます。

　フォルダは表4-1を参考に症候別に作成しておきます。

■ 学習データ化

　下の**図4-3**に機械学習をさせるためのデータ例を記載します。

データは架空のものです。

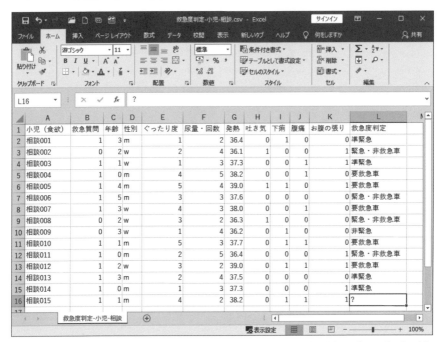

図4-3　緊急判定 電話相談用の学習データとテストデータ（今回相談者は「015」番の方）
　（データの尺度はyes → 1、no → 0と5段階（ぐったり度が高いが5で、ないは1））

■ テストデータでの緊急判定の実践

　テストデータでいちばん簡単な方法は、最近のデータから末尾の行に「今回相談のテストデータ」を入れる方法です。

　今回は、相談項目がどのような関係をもっているのかを探るため、Wekaの「Random Tree」を使っています。

　また、各質問項目の関係をさらに探るため「Plojection Plot」も使っています。

計算の結果は「要救急車」でした。

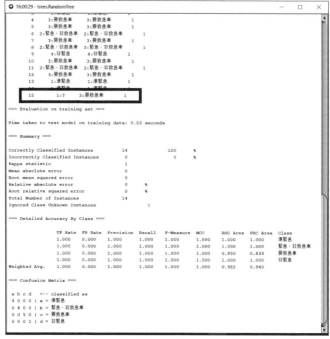

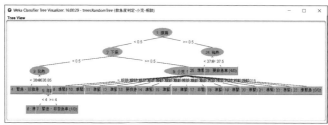

図4-4　緊急判定 電話相談用の計算結果

もう1つ、計算結果を「Plojection Plot」に表示させてみました。

結果は、この架空モデルでの小児の場合は、発熱の具合が「緊急性」に大きく関与していることが分かりました。

ただし、このケースはあくまでも架空のモデルケースなので、実際の小児の急患データを入れているわけではありません。

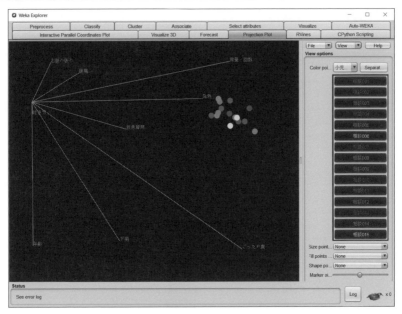

図 4-5　緊急判定 Weka の Plojection Plot

　今回は機械学習の「決定木」の中の「Random Tree」を使って、予測（評価）を行ないました。

　もちろん、この手法以外に、他の手法も、そして AI のディープラーニングで解いてもかまいません。

　まず、いろいろトライすることが大切ですが、「救急判定のシステム」はこのように「Excel」と「Weka」だけでも作ることができます。

　やはり、ある程度の学習データ量があることが望ましいですし、実践化を行なう前には、必ず医療の専門家（医師、看護師、救急救命士）などの意見を聞きながら整備することが必要です。

　少しずつデータが増えていけば、夜間や休日等でも自治体の相談員が適切な相談にのることができます。

　民間の総務系の方々も社員への適切な相談にのることができれば、企業としても有力な戦力になるのではないかと思います。

4.2　キュウリの病害の画像解析 （Hot Spot：棲み分けの一線を探る）

「画像処理」から植物などの状態を探る場合、ある部分からは「状態が良くない（病害）」で、それ以外は「状態は普通で病害とは言えない」などのような判別しがたい状況に遭遇することは少なくありません。

＊

たとえば、別な視点では、どの健康保険のグループが最も高い請求率をもっているのかなどの棲み分けの線を引くのはかなり神経を使います。

このようなときに、対象のターゲットを最大化／最小化することで棲み分けの一線を探るということに主眼が置かれた手法のアルゴリズムに「Hot Spot」があります。

ここではその使い方を「キュウリの病害画像」を使って解説します。

4.2.1　キュウリの病害の画像診断

「農産物を自分でも栽培したい」という嗜好は、地方都市だけでなく都市部でも存在し、集合住宅のベランダなどで栽培している人はけっこういます。

特に、ミニトマトやキュウリやハーブなどは、栽培の手軽さから人気が高いようです。

＊

ここでは、「キュウリの葉」の画像を使って、簡単に病害の有無の画像解析をする方法を紹介します。

■ キュウリの葉の画像

キュウリの葉の病気には、「うどんこ病」「べと病」「炭疽病」などがあることに目をつけて画像を正常な状態と比較して画像処理する手法が（**参考文献 01**）に紹介されています。

ここでは、**参考文献 01** の小川秀夫氏・酒井大輔氏の研究論文に掲載の

彩度処理された画像を参考にして、画像処理していきます。

主な解析までの流れは、

● 画像データを「Image J」の Gray Scale で数値データ化

● Image J のデータを Excel で csv 形式に変えて計算用データにする

● Weka で csv 形式データを読み込み、「Explorer → Associates タブ」

● Choose ボタンで「Filtered Associator アルゴリズム」

● Filtered Associator の名前の上でクリックし、新しいダイアログボックスがでる

● その中の associator の Choose ボタンで「Hot Spot」を選択し OK ボタン

● Weka Explorer の画面に戻るので「Start ボタン」で終了

という流れです。

「Weka」のダウンロードとインストールや、「Excel データ」の作り方は**参考文献 02** を、「Image J」の使い方は**参考文献 03** を参照してください。

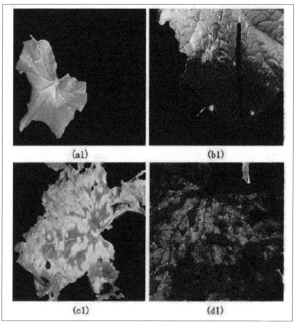

図 4-6　キュウリの葉の病害（彩度処理した画像 出典 参考文献 01）
a1：正常，b1：うどんこ病，c1：炭疽病，d1：べと病

■ 画像写真を ImageJ でデータ化

画像は、「Image J」でマウスで囲むことで変換、計算などのデータ化できます。

下の図は、「Analyze」の中の「Plot Profile」で解析した結果です。

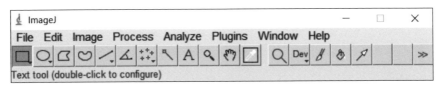

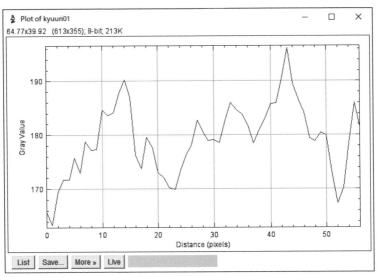

図4-7　上；Image J　下；「Analyze → Plot Profile」の対象画像の Gray scale 値

数値データは「Word」などにも標準装備されている色機能の 256 段階から数値化されている濃度の指標です。

数値は左下の「List」で数値データを読むことができます。

4.2.2　機械学習の「Hot Spot」アルゴリズムで解く

「機械学習」の多くのアルゴリズムから「Hot Spot」アルゴリズムを使って解析を行なっていきます。

＊

最初に、「Image J」で画像を読み取り、そのデータを「csv 形式」にします。

■「ImageJ」のデータを Excel データ（csv 形式）にする

下の**図 4-8** のヨコの行は、いくつかの類似したキュウリの葉の病害のあるものや、ないものをネット上で検索し、複数枚を用意したものの「Gray scale 値データ」です。

タテの列は便宜上の画素区分として「no」（コードナンバーとして）与えたものです。

いちばん最後の列に、「class」として、ヨコの行で表わされた「キュウリの葉」が「病害あり (ari)」と「病害なし (nasi)」の 2 のクラスに分けています。

この際、先の**図 4-6** の画像とは異なり、同じ程度の画素数、単純撮影したもので解析用サンプルとしているので、**参考文献 01** の画像をそのまま解析しているわけではありません。

	M	N	O	P	Q	R	S	T	U	V	W	X	Y	Z	AA	AB	AC	AD	AE	AF	AG
1	no13	no14	no15	no16	no17	no18	no19	no20	no21	no22	no23	no24	no25	no26	no27	no28	no29	no30	no31	no32	class
2	182	181	169	168	168	166	162	162	162	163	163	164	166	162	161	166	169	169	166		ari
3	146	146	144	150	157	152	152	158	154	132	126	135	124	125	130	132	124	124	129	132	ari
4	184	185	189	192	188	176	174	179	175	170	170	167	167	170	173	175	181	179	178	178	ari
5	118	115	111	104	104	110	119	114	113	117	119	122	121	120	120	122	119	123	127		ari
6	144	147	148	152	152	147	144	150	157	157	150	147	145	145	144	141	142	146	146		147 ari
7	127	122	126	130	128	125	125	122	118	118	117	117	118	119	119	121	121	123	129		130 ari
8	93	95	97	90	94	96	97	97	97	98	86	85	93	88	82	88	88	85	82		85 ari
9	93	97	99	97	92	86	86	88	83	85	88	87	92	91	90	90	91	89	90		92 ari
10	144	143	140	140	141	142	143	143	146	144	143	145	147	148	148	148	145	144			145 nasi
11	147	148	147	145	138	139	140	138	138	141	143	142	142	144	146	148	144	144			145 nasi
12	162	167	170	173	172	169	166	166	161	156	155	154	152	148	145	142	143	145	150		156 nasi
13	150	148	149	150	149	149	150	151	149	148	149	148	148	145	145	146	148	148	148		149 nasi

図 4-8　対象画像の「Gray scale 値」を Excel にもってきて「csv 形式」で保存しておく

今回の例では、キュウリの病害についての論文として書いているわけではなく、「Hot Spot」の使い方が主眼なので、厳密な「画像選定」「病害名の付与」はしていません。

　ある程度、画像写真がたまれば、実践として応用することはもちろん可能ですし、ある画像が「病害であるのか、否か」の判定予測を行ないたいのであれば、最後の列に「？（半角英数）」を入れれば、予測評価が算出されます。（「予測設定」など、詳しくは**参考文献 02、03** を参照してください）。

■「Weka」にデータをもっていき「Hot Spot」で解く

　いよいよ機械学習の「Hot Spot」アルゴリズムで解いていきます。

＊

　「Weka」のバージョンは「2021 年 1 月時点の 3.8.5（安定板）」を使っています。

　「Weka」は、非常に多くの機械学習のアルゴリズムを実装しており、深層学習（Deep Lezrning）用の**「DI4J」**や、手動で「モーメント」や「学習率」「中間層」の数の調整ができる AI モデルの**「MLP」（多層パーセプトロン）** などが多く実装されています。

＊

　下は、「Weka」で「csv ファイル」を読み込み、「Associate タブ」にある「Filtered Associator」です。

　下図の枠線部分をクリックすると、もう 1 つダイアログボックスが出てきます。

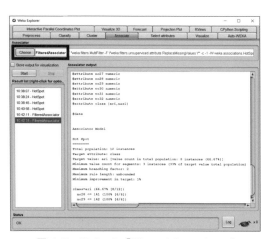

図 4-9　Weka の「Filtered Associator」

　その枠線分のアルゴリズム名の上でクリックすると、下のダイアログボックスが出てくるので、「Choose ボタン」で「Hot Spot」を選択し「OK ボタン」を押します。

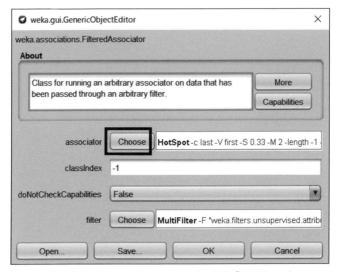

図 4-10　Filtered Associator の中の「Hot Spot」

計算をさせたものが、**図 4-9** の右枠側です。

下が計算結果の末尾部分を抽出したものです。

```
Associator Model

Hot Spot
========
Total population: 12 instances
Target attribute: class
Target value: ari [value count in total population: 8 instances (66.67%)]
Minimum value count for segments: 3 instances (33% of target value total population)
Maximum branching factor: 2
Maximum rule length: unbounded
Minimum improvement in target: 1%

class=ari (66.67% [8/12])
  no28 <= 141 (100% [6/6])
  no29 <= 142 (100% [6/6])
```

図 4-11　Hot Spot の計算結果

この計算結果では、病害の有無は「Gray scale 値が 141、142」あたり

で「一区切りの線」があるようです。

念のため、他のアルゴリズムで検証をしてみましょう。

■ 解析結果を「決定木」と「Plojection Plot」を使って再確認

図4-12は「決定木」のアルゴリズムの中から「Random Tree」を使って検証を行なったものです。

この「決定木」でも、「Gray scale値141、142」で病害の有無の分岐が見られ、次に、「171」で、やはり有無の分岐があることを教えています。

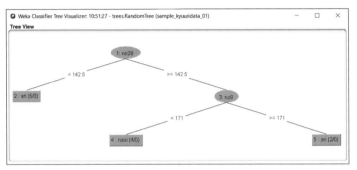

図4-12　「Hot Spot」の計算の検証を「決定木」（Random Tree）で確認する

最期に、「Projection Plot」を使って、先の「決定木」で現われた2つの分岐が気になります。さらに詳しく追加検証をしましょう。

＊

「Gray scale値141、142」と「171」の2つは、「Projection Plot」では下のように、赤級と青級の2つの区分で分布していることが分かります。

この「Projection Plot」はデータの変数（データサイエンスの統計学では「変量」と呼びます）が4つあれば「4次元」で、5つあれば「5次元」です。

それを多次元（下の図の左下の軸線が各変数）でみたものが「Projection Plot」です。

明らかに、2つの区分が存在していることが分かります。

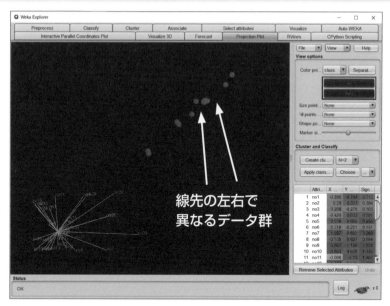

図4-13　Projection Plot で知るデータの区分けの存在

　「Projection Plot」は、各変数の軸線部分をマウスでドラッグすると、それに対応するように、個体の●部分が動きます。

　変数軸によって、影響度が高いほど大きく動き、逆に少ないとほとんど動かないというのを視覚的に確認できるところに、大きな特徴があります。

4.2.3　「連続データ」と「離散データ」

　この節は、本来なら**第1章**から**3章**の「データ」の部分で解説を予定していました。

　ですが、「連続データと画像データ」、それに時点、あるいは個体ごとに扱う「離散データ」は、画像データを実際に解説する本節で行なうほうが分かりやすいと考え、この章で扱っています。

■ 連続データ（Continuous Data）

　「連続データ」というのは、たとえば「心拍」などのように連、続的にある値が時間上の中で出現している状態（これを「分布」と言います）のデータを指します。

　厳密には、確率論で「連続確率分布」として位置付けられ、「ラドン＝ニコディムの定理」（Radon-Nikodým theorem）で、「ルベーグ測度（Lebesque measure）に対して絶対連続」が「連続」と位置付けられることが知られています。

＊

もう少し分かりやすくイメージ図で解説しましょう。

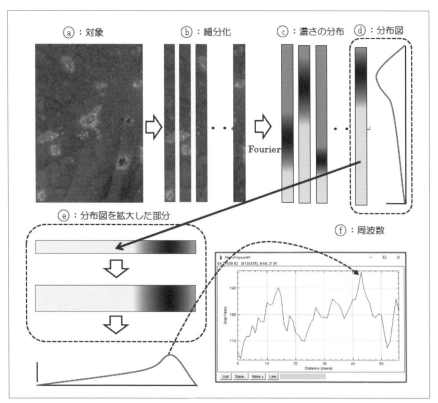

図4-14　画像データをフーリエ変換（Gray Scale 値）で濃度の連続データで捉える

　まず、対象を①〜⑥の順に従って細分化し、「FFT」（Fast Fourier Tran
sformulation：高速フーリエ変換）していくと「濃さの分布」（密度）として
捉えることができます。
（ここの例題では、「Image J」の「Gray Scale」を使用。最大値は「256」
です）。

　ただし、「Image J」を使う場合は、対象の画像全部を一括で選択します。

　この最も濃い部分が「周波数」の部分として表現されます。
　下は**参考文献02、03**で解説しているフーリエ変換の概念図の一部です。

　対象が時間に関するデータは横軸が**「周波数」**になり、縦軸は**「量（強さ）」**
として変換されます。
　対象が「画像」などの、空間に関するデータは横軸が**「空間周波数」**と呼
び、縦軸は**「パワースペクトル密度」**です。
　前の図の色の濃い部分を見ると、何かの密度が高いというのが分かると思
います。

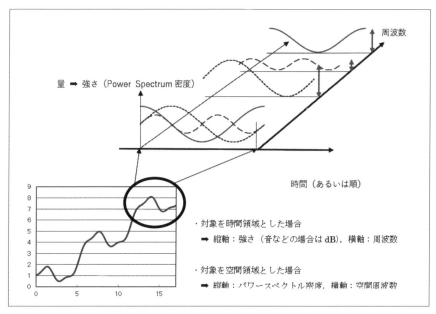

図 4-15　Fourier 変換の概念

上のグラフのように、連続的なデータを**「連続データ」**と呼びます。

■ 離散データ (Discrete Data)

現在、株価売買は 1/1000 秒単位で行なわれています。

それを毎回追っていたら、とても大変です。

そこで、1 日単位、1 週間単位、あるいは 1 ヶ月単位などのように連続するデータから部分的に抽出することでその日は○○であると代表わさせることができます。

これを**「離散データ」**と呼んでいます。

1 ヶ月のデータより 1 週間、1 週間より 1 日単位のデータで捉えるほど精度がよくなるのは理解できると思います。

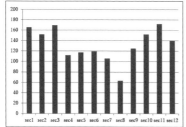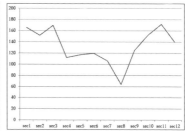

図 4-16　離散データ表現（左）と連続データ表現（右）

*

参考までに、「フーリエ変換」は、「機械学習」「AI」で「画像処理」「音声処理」などを行なう上で重要な数学ツールです。

この中でも重要な「複素フーリエ係数：C_n」を使って「連続」と「離散」を表現すると、次のようになります（**参考文献 04**）。

● 連続表現　　$C_n = \dfrac{1}{2\pi} \displaystyle\int_0^{2\pi} F(x) e^{-inx} dx$

● 離散表現　　$C_n = \dfrac{1}{m} \displaystyle\sum_{k=0}^{m-1} F(k) e^{-in\frac{2\pi}{m}k}$

（m：サンプリングポイント数）

■ 画像処理の応用：2歩で分かる人物特定 (歩容認証：Gait Image Sdequences)

　2020 年 11 月 2 日の朝日新聞の「科学の扉」に「歩く姿から個人を特定」という記事が掲載されています。

　人の歩く姿をわずか 2 歩で、犯罪現場のカメラに映った人の姿から、近くのカメラ映像と照らし合わせ、犯人を特定するというものです。

　この技術のもとは、1973 年に逆戻り、スウェーデンのウプサラ大学 (Uppsala University) のグンナー・ヨハンソン (Gunnar Johanson) 教授が人の歩き方などの動作から「性差」「個人」「感情」などを検出できるということを初めて提唱しました。

　現在では、大阪大学の八木康史教授の歩容認証研究が特に知られています。

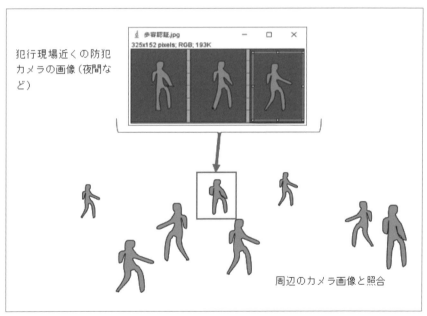

図 4-17　歩容認証の画像データの取得イメージ

＊

参考までに、「ImageJ」を使った画像のデータ取得を下に示しておきます。

CF	CG	CH	CI	CJ	CK	CL	CM	CN	CO	CP	CQ	CR
99.0233	99.0233	99.0583	99.0303	98.6876	98.7506	98.352	98.5408	98.6597	99.0583	99.0326	99.6993	容疑者A
99.0238	99.0238	99.0238	99.0238	99.0238	99.0238	99.0238	99.0238	99.0238	99.0238	99.0238	99.0167	容疑者A
98.9833	98.9905	98.9833	98.9905	98.9833	98.9905	98.9833	98.9905	98.9833	98.9905	98.9833	98.9905	容疑者A
・・・	・・・	・・・	・・・	・・・	・・・	・・・	・・・	・・・	・・・	・・・	・・・	歩行者1
・・・	・・・	・・・	・・・	・・・	・・・	・・・	・・・	・・・	・・・	・・・	・・・	歩行者2
・・・	・・・	・・・	・・・	・・・	・・・	・・・	・・・	・・・	・・・	・・・	・・・	歩行者3
・・・	・・・	・・・	・・・	・・・	・・・	・・・	・・・	・・・	・・・	・・・	・・・	歩行者4
・・・	・・・	・・・	・・・	・・・	・・・	・・・	・・・	・・・	・・・	・・・	・・・	歩行者5
・・・	・・・	・・・	・・・	・・・	・・・	・・・	・・・	・・・	・・・	・・・	・・・	歩行者6

図4-18　歩容認証のためにImageJで画像データを取得し
Excelのcsv形式にしたもの

　この「歩容認証」は、犯罪捜査だけでなく、医学的な身体能力や疾病など、さまざまな分野でも応用が広がりつつあります。

　ここでのポイントは、防犯カメラに映った動画を1コマ、1コマの静止画にして、付近の市中カメラに映ったカメラ画像から特定の人を検出するという方法です（動画のままでも使えます）。

　この方法は、顔を認証するシステムの場合は、「解像度」が非常に重要な位置を占めます。

　「人の歩く様子」の場合だと、「動き」に着眼しているため、超高解像度カメラでないとできないというしばりがなくなり、汎用性が出てくることにあります。
　現在の市中カメラでも対応ができる点に大きな利点があります。

　「機械学習」「AI」では、「このデータには、この手法」というような断定的なことは、ときにパラドックスに陥る危険性があります。

　1つの固定的な視点ではなく、さまざまな方向から見るという多角的な視点が、応用の幅を広げ、手に負えないほどの「ビッグデータ」でなくとも、「スモールデータ」でも、実用的な応用の幅はかなり広がります。

4.3 季節変動を受けるバラつきのある時系列データ（x-means+Holt-Winters：傾向＋季節変動を考慮）

多くの時系列データには、

・Trend（傾向）による変動
・Cycle（循環）による変動
・Seazon（季節）による変動
・Irregurar（不規則）な変動

があります。

　「x-means」は、変動のバラつきを「k-means」（k-平均法）の繰り返しと分割停止をする規則をもつ特徴を基本に使い、それを活用した最適な「クラスター」（分類）ができるという手法です。

　こうした変動の中でも「傾向」と「季節」に力点を置いて「時系列データ」を解く手法として「Holt-Winters」が知られています。
　過去データになるほど小さな「重み」が掛けられるため、直前の出来事が強く影響がでるようにされ、長期の時系列予測ではなく、短期の予測に適することが知られています。

　特に、在庫管理や財務管理などや季節のバラつきのある問題の解析で成果を出しています。

4.3.1 バラつきのある時系列データ

　データに潜むあるメカニズムを探査する場合に、データサイエンスでは「クラスター分析」を行なうことで、全容の中から何らかの“集まり”（クラスター）を見つけるというアプローチは、多くのデータ分析者でも一般的によく使う手法です。

　この中でも、「x-means法」（x-平均法）は、データサイエンスでもよく知られた「k-means法」（k-平均法）をベースにしたものです。

少ない「クラスター」に分割し、これらを繰り返すことで、バラつきに潜むメカニズムをあぶり出し微妙な違いを分けるという利点が知られています。

■「x-means 法」を利用したアルゴリズムで視覚的にデータを概観

使用するデータは、「Weka」をインストールする際に自動的にローカルディスクの「Program Files → Data」フォルダにある**「airline.arff」**というデータです。

これは、1949年から1960年までの国際線旅客の月間合計数と乗客が搭乗したときの年月日だけというかなりシンプルなデータです。
単位の明記はありませんが、推定で千人と思われます。

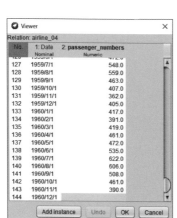 

図4-19　Weka の「airlines」のデータ（左）
図4-20　Cluster の中の「x-means 法」（右）

解析は「Result list」の青い部分を右クリックし、「Visualize cluster assignments」をクリックすると、次の図が出てきます。
左にいくほどバラつきが大きいのが分かります。

つまり、飛行機の利用は初期のころは乗客が少ないのが、時代とともに増

えてきていることが見て取れます。

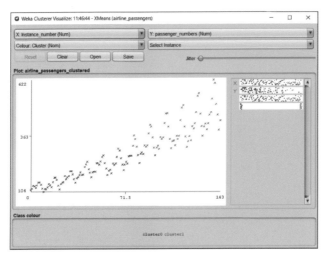

図4-21　Clusterer Visualize

　データの分布の状態が概観できたところで、このような「バラつきの大きい時系列の変動データ」の予測などを解くためにいくつかの「アルゴリズム」（手法）を使って実験をしてみます。

■「ディープラーニング」で取り合えず解いてみる

　時系列の問題を解くために、いくつかのアルゴリズムを使って、どのくらいの予測（評価）精度があるのかを探査してみましょう。

　ここでは、とりあえず「深層学習」（ディープラーニング）の「中間層」「学習率」「モーメント」の調整を行ないながら比較をしてみます。

*

最初に、「Classify」タブで**「MLP」（Multilayer Perceptron：多層パーセプトロン）**アルゴリズムを行ないます。

　計算後、左下「Result list」の青い部分を右クリックし、「Plugins」の横矢印のメニューをクリックすると、同じように下の図が出てきます。

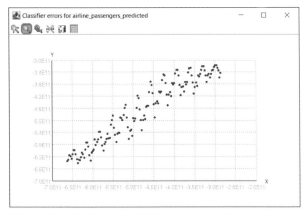

図 4-22　Classifier errors

　「時間軸」（横軸）とともに、ある状態がどのように変化していくのかを探る問題を**「時系列問題」**と呼んでいます。

　上の図のように、次第にバラつきが広がっていくような場合の予測は実はかなり難しく、さまざまなモデルがあります。

　このため学習率の調整ができる「ディープラーニング」にウェイトを置いて、とりあえずという手探りで探ってみましょう。

表 4-6　いくつかのアルゴリズムとディープラーニング

分類器	アルゴリズム	実際値	予測値	誤差
functions	Gaussian Pro.	432	238.00	194.00
	Leas Med Sq	432	281.00	151.00
	Linear Reg	4 グラフ エリア 75		151.25
	MLP Reg.	432	279.24	152.76
	MLP	432	320.00	112.00
	RBF Net.	432	325.75	106.25
	RBF Reg.	432	279.24	152.76
	SMO reg	432	279.28	152.72
深層学習	MLP-1 layer L0.1 M0.2	432	328.00	104.00
	MLP-1 layer L0.05 M0.2	432	345.00	87.00
	MLP-1 layer L0.05 M0.3	432	367.39	64.61
	MLP-1 layer L0.05 M0.4	432	312.75	119.25
	MLP-2 layer L0.05 M0.4	432	324.73	107.27
	MLP-2 layer L0.05 M0.35	432	324.81	107.19
	MLP-1 layer L0.05 M0.1	432	311.31	120.69
	MLP-1 layer L0.05 M0.15	432	336.67	95.33
	MLP-1 layer L0.05 M0.25	432	347.88	84.12
	MLP-2 layer L0.05 M0.25	432	324.54	107.47
	MLP-1 layer L0.04 M0.25	432	346.44	85.56
	MLP-1 layer L0.04 M0.31	432	363.75	68.25
	MLP-1 layer L0.04 M0.29	432	359.71	72.29
	MLP-1 layer L0.03 M0.3	432	354.08	77.92

表4-6 の「MLP-1layer L0.05 M0.3」は、「深層化」の設定（詳細は**参考文献01** を参照してください）は、「学習率」を「0.05」に設定し、「M」（momentum）を「0.3」に設定した場合という意味です。

精度の比較をしたものを**図4-23** に示します。

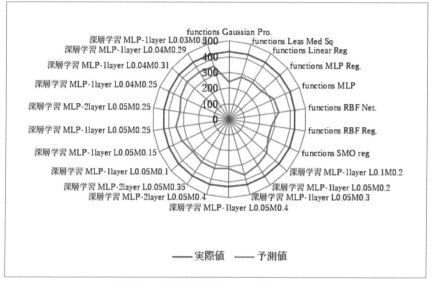

図4-23　精度を比較したレーダーチャート

たとえば、実際の実際値は「432（千人）」で、中間層は1層で「学習率0.05」「モーメント0.3」のとき、誤差は「64.41」（千人）となりました。

どうしても時系列の場合、バラつきが大きくなると誤差も大きくなりやすいという点が否めません。

また、「学習率」は最適解を探査する上で非常に重要なパラメータです。

*

参考までに、「EXCELで時系列のデータとして表わしたものが下の図です。

明らかに季節的な変動を受けながら少しずつバラつきが大きくなっているのが分かります。

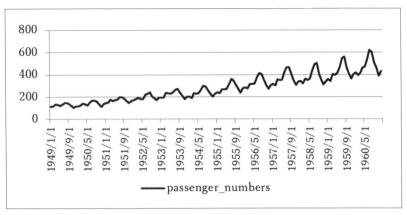

図 4-24　旅客の推移

　下は、「data」フォルダにある「arff 形式」のファイルをそのまま「Weka」にもってきて、「Classify」タブ、**「lazy」（怠惰学習）**の**「LWL」（Locally Weighted Larning：局所重み学習）**アルゴリズムを動かし、左下の「Result list」の青い部分を右クリックして「Plugins」から図を表示させたものです。

　図からは「上のグループ」と「下のグループ」が抽出されています。

　図から、はっきり 2 つのグループが存在していることが分かります。

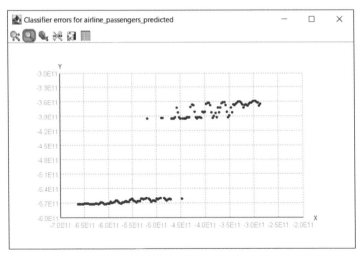

図 4-25　「lazy」（怠惰学習）の「局所重み学習」（LWL）を使って
近接グループの乖離を解いた旅客の推移

「Excel」と、こうした「LWL」の重み付けによって、視点を変えたデータ探査を行なうことができることが分かりました。

「LWL」アルゴリズムは、「近接グループ」を明確に分けることに適しています。

4.3.2　Holt-Winters 法

対象の問題は、「時系列問題」であることははっきり分かっています。

「Weka」は、本格的な「ニューラルネットワーク」も含まれた「機械学習」そして「深層学習」まで実装されたパッケージのソフトですから、やっぱり当然、「時系列」に関してもアルゴリズムがあります。

「パッケージ・マネージャ」(Package Manager) で丁寧に検索してみましょう。

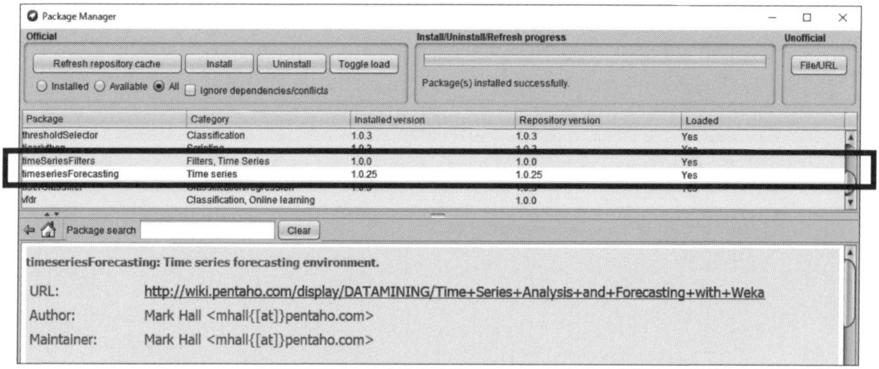

図 4-26　Package Manager で「Holt-Winters 法」をインストール

よく探して見ると、「time Series Filters」と「time series Forecasting」(**予測**) の2つがあります。

この2つを1つずつ選択し「install」ボタンをクリックします。

インストールが終わったら、一度「Weka」を閉じて、もう一度立ち上げると、次のように実装ができています。

「分類器」(classifiers) の中に「time series」の中に**「Holt Winters 法」**アルゴリズムが入っています。

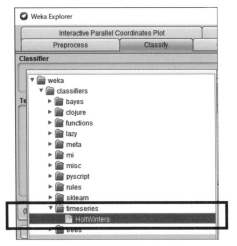

図4-27　Holt-Winters法

■ Time series Forecasting（時系列予測）アルゴリズム：Holt-Winters法

下が、実行したものです。

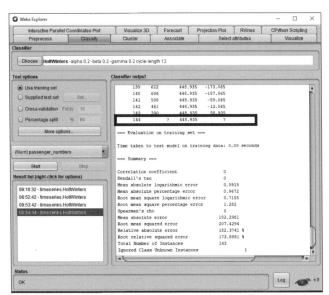

図4-28　Holt-Winters法を実行

誤差：432（実際値）− 448.94（予測値）＝ − 16.94（誤差：3.9%）

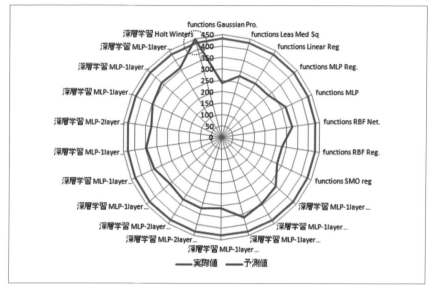

図 4-29 Holt-Winters 法と他のアルゴリズムとの精度比較

「レーダーチャート」で実際値と予測値を比較した前回のものに加えて比較して見ました。

楕円部分を見ると、精度がかなり向上しているのが見て取れます。

*

このように「深層学習」だけでなく、「機械学習」の他のアルゴリズムにも優れたものが「Weka」には多くあります。

せっかくなので、もう少しこのアルゴリズムを解説していきましょう。

*

このアルゴリズムは「Holt-Winters triple exponential smoothing method」と呼ばれています。

「Holt」と「Winters」はこの手法を提唱した人の名前で、前者は弟子で後者は彼の師匠です。

時系列データが今回のモデルケースのように、「傾向」（増加、または減少の Trend）、それに「季節的な変動」の場合に威力を発揮する手法です。

　これを「Holt-Winters トリプル指数平滑法」と言いますが、季節サイクルは手動で指定しない場合には、最大遅延は 3 サイクル長に設定されています。

・季節サイクル長さ

(season Cycle Length)

→ 12（規定値）、四半期データの場合は「4」で設定

・季節成分の平滑化係数

(seasonal Smoothing Factor)

→「0 ～ 1」で設定します。
　規定値は 0.2

・トレンド（傾向）のスムージング係数

(trend Smoothing Factor)

→「0 ～ 1」で設定します。
　規定値は 0.2

・系列値の平滑化係数

(value Smoothing Factor)

→「0 と 1」の間で設定します。
　規定値は 0.2

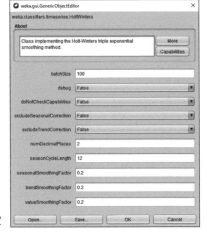

図 4-30　Holt-Winters 法の詳細設定

「Holt-Winters 法」は下のサイトの中に詳述されています。

https://www.itl.nist.gov/div898/handbook/

　「全体の平滑化」「傾向（トレンド）」「季節調整」の 3 の方程式から「予測」（Forecast）を行なうというのがこのモデルです。

　「Forecast」（予測） タブがありますので、そのタブをクリックし、「Start」ボタンを押すと、次のように出てきます。

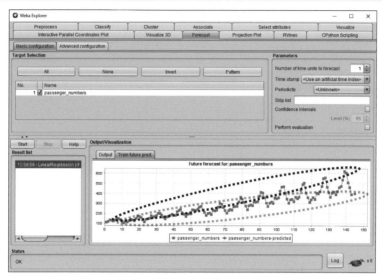

図 4-31　Holt-Winters 法の Forecast タブ

　Excel でグラフを描いたときのように、「季節性」などがきれいに出ています。

　先の**図 4-25** に「2 つの群」が存在していましたが、**図 4-31** を見て分かることは、上側の部分と下側の部分で「定期的に利用するビジネスマン」と「一般旅行客」であることが推定されます。

　上側の部分では「増加傾向」が高く、下側の部分では「増加傾向」が緩やかに伸びているのが、「傾向の変動」として見ることができます。

　そして、季節的な影響も受けていることも知ることができます。

*

　この解析結果からは、ビジネスマンの利用の傾向が増加したのは、飛行機を使うことで時間短縮が図れるという利点が利用数を増やしていったのだろうということが伺い知れます。

> ※ また、予測を行ないたい場合は、**参考文献 01** にも解説してありますが、
> 予測したい部分を「?」（半角英数）を入れることで実行できます。

第 5 章

「文字データ」の解析

文字データの応用例として、文字データの数値化の考え方を紹介し、文字をひとつの「パターン」として捉えて「（数値データですが）道路に発生する交通量」を解析する方法。

さらには、「不確実な尺度を持つデータ」の例、「欠測値の多いデータ」の例をあげて解説していきます。

また、「階層的概念クラスタリング」についての例も紹介します。

文字データの処理はアンケート分析などを行うさいに知っておきたい内容です。

5.1 文字データの処理（文字データの数値化）

　データには、数値だけで記載されたデータの **「数値データ」** と文字だけの **「（単純型）文字データ」**、あるいは文字と数値を組み合わせた **「（混在型）文字データ」** があります。

　単純に「ハイフン (-)、コロン (:,;)、スラッシュ (/)」だけの記号と数値は「数値データ」として扱います。

　また、数値主体のデータからその構造を探る方法では **「データマイニング」**（Data Mining）、文字や文書を主体にデータの構造を探る方法では **「テキスト・マイニング」**（**Text Mining**）と呼んでいます。

＊

　本章では、「文字」主体のデータ構造を **「文字データ」** と呼び、その計算方法や例題を紹介していきます。

5.1.1 「機械学習」での「文字データ」の数値化

　「文字データ」には、文字だけの **「テキストデータ」**（Text data）と文字以外のデータも含む **「バイナリデータ」**（binary data：bi はラテン語で **2つのという意味**）があります。

　「機械学習」では、「文書データ」や、変数に文字が入った「文字データ」、それに「文字データと数値データの混在」をデータとして認識して計算していくことができます。

＊

　ここでは、「文字データ」と「サンプルデータ」では、「出現」に着眼した数値データを機械学習で解いていくために行なわれる「文字データの数値化」について解説をします。

■「文字データ」が「機械学習」で処理される基本的な原理

　「文字データ」を中心に構成された文書データを解析する方法は、すでに確立されています。

　また、「数値データ」の場合は、その計算過程が何となく想像がしやすいですが、文字・文書データはいったいどのように計算を行なうのでしょうか。
　「文字データ処理」「テキスト・マイニング」を、「機械学習」で行なう基本的な原理について説明します。

＊

　よく人工知能AIは一体何をやっているのかということをよく耳にします。
　現在の人工知能はなんでもかんでも自分で勝手に情報を得て、勝手に考え、勝手に判断しているわけではありません。
　多くはいまだに人間が関連の情報を与えていますが、その中でも重要な考え方が「パターン認識」（Pattern recognition）です。

　これは、データのパターンをいくつかの概念に分類できたときに、この概念を「クラス」（class）あるいは「類」（category）と呼んでいます。

　また、各クラスのまとまりを「クラスター」（群：cluster）と呼びます。
　そして、このクラスは1つ一つ異なる特徴を持ち、その情報を「ベクトル」によって表わすことができます。
　1つのクラスから m 個の特徴があるとした場合に、

$$\mathrm{x} = \left(x_1, x_2, \cdots, x_m\right)^T = \begin{pmatrix} x_1 \\ x_2 \\ \cdot \\ \cdot \\ x_m \end{pmatrix}$$

x^T：転置ベクトル（transpose vector），x：特徴ベクトル（feature vector）

この「特徴ベクトル」で表わされる空間を**「特徴空間」**（feature space）と呼び、「特徴ベクトル」の次元数は特徴の数と一致します。

＊

このように特徴を具体的に数値に置き換えて、クラス内では「最小化」クラス間では「最大化」することで、パターンとして識別を行なうのが「パターン認識」です。

「数値データ」だけでなく「文字データ」でも重要な基本的な機械学習化のために必要な手順になります。

● アンケートの例

たとえば、イベントに関するアンケートなどの「自由記述」に、このイベントの目玉イベントとして「参加型イベント」と「出展グルメ」がアンケートであったとしましょう。

「参加型イベント」では、いくつものイベントがあったと仮定し、「ボールを使うもの」「迷路」「自転車」などがあったとします。

「グルメ型イベント」では「麺類」「パン類」「丼類」などがあったとします。

これらがアンケートの自由記述に単語として出現する回数にまず着眼します。

たとえば、ボールが3回、迷路が5回、自転車が7回、そして麺が2回、パンが4回、丼が8回アンケートへ出現した回数とすれば、このイベントの特徴ベクトルは、

$$x\left(3,5,7,2,4,8\right)^{T}$$

となります。

$(\quad)^{T}$ という転置ベクトルを使うのは、厳密には、

$$\begin{pmatrix} 3 \\ 5 \\ 7 \\ 2 \\ 4 \\ 8 \end{pmatrix}$$

と、タテ長になります。

「転置ベクトル」で表現すると、

$$x\left(3,5,7,2,4,8\right)^{T}$$

のように、ヨコ1行で表現できるため、便利だからです。

　もちろんアンケートそのものは回収されたアンケート数は「50」とか数百、数千のようにもっと多いものが普通ですが、自由記述が記載されているアンケートに絞った場合で考えてみます。

● プロトタイプ

　ここでアンケートによって得られたデータの「特徴ベクトル」を2つの「プロトタイプ」（本来は試作段階の試作品の意味がプロトタイプ）に分けてみます。

　「プロトタイプ」は、「参加型イベントのクラス」と「グルメ型イベントのクラス」に分けることができます。

　この際に、下のように自由記述で全部の単語出現があったとして、

$$\text{参加型のクラス} \quad : x_{sanka} = \left(10,10,10,0,0,0\right)$$

$$\text{グルメ型のクラス} : x_{gurume} = \left(0,0,0,10,10,10\right)$$

と設定してみます。

たとえば、自由記述のあったある参加のアンケートが、

$$x_{iさん} = (3, 4, 1, 0, 0, 3)$$

とアンケートに単語が出現されていれば、「参加型のクラス」なので、次のような計算を行ないます。

```
1番目：3 － 10 ＝ － 7
2番目：4 － 10 ＝ － 6
3番目：1 － 10 ＝ － 9
4番目：0 － 0 ＝ 0
5番目：0 － 0 ＝ 0
6番目：3 － 0 ＝ 3
```

この結果を2乗します（いわゆるクラス内の距離を最小にする最小2乗法です）。

$$(-7)^2 + (-6)^2 + (-9)^2 + (0)^2 + (0)^2 + (3)^2 = 49 + 36 + 81 + 0 + 0 + 9 = 175$$

同様に、別な被験者のアンケートから、下のような回答があったとします。

$$x_{jさん} = (0, 0, 1, 4, 2, 3)$$

最初と同じように、

```
1番目：0 － 0 ＝ 0
2番目：0 － 0 ＝ 0
3番目：1 － 0 ＝ 1
4番目：4 － 10 ＝ － 6
5番目：2 － 10 ＝ － 8
6番目：3 － 10 ＝ － 7
```

$$(0)^2 + (0)^2 + (1)^2 + (-6)^2 + (-8)^2 + (-7)^2 = 0 + 0 + 1 + 36 + 64 + 49 = 150$$

計算した数値はいわゆるプロトタイプの距離なので、$x_{jさん}$のほうは「x_{gurume}」です。

つまり、このアンケートの文書は「グルメ型のクラス」に自動的に分類されます。

これが「文書データ」のいわゆる「機械学習」で行なわれている過程です。

＊

単語の出現頻度によって分類されますが、文書は単語だけでなく「文書本体である構文」によって構成されています。

たとえば、アンケートの自由記述に「麺」という単語が出現していたとしても、「麺はあまり好きではない」と記述されていた場合は、「麺は大好きだ」とは相反の関係になります。

このため、文書解析の「テキスト・マイニング」では、「前処理」と「後処理」があり、拙書の「機械学習とAIのはなし」の「言語処理」で解説したように、麺は名詞、動詞、形容詞などの「形態素分類器」と文書全般を分類する「構文分類器」の2つが必要となってきます。

こうした要素を分類してから初めて、「人工知能AI」「機械学習」によって文書データの解析ができるようになります。

＊

次の項では、具体的に「人工知能AI」「機械学習」の「Weka」を使って、サンプルデータの解析を行ってみます。

5.1.2 文字データの「出現」に着眼した「数値データ」の処理（道路交通量の問題）

「テキスト・マイニング」は、「言葉（語）」がどの程度出現し、そしてどのようにそれが文書（構文）として形成されているかを分析し、それらにどのような「ある何かの潜在的な構造」を探るということがポイントです。

*

サンプルケースとして、「出現」ということに着眼して例題を解いてみます。

実は、この出現に着眼するというのは解析対象の「特徴」を掴むことに他なりません。

■ 道路交通量の問題を解く

表 5-1 は、「平成 27 年度 全国道路・街路交通情勢調査 一般交通量調査集計表」に公開されている長野県の時間帯別交通量表」（解析では csv 版を使用すると便利です）から約 500 地点のデータを「Weka」で解いたものです。

図 5-1 が、解析結果です。

この対象の約 500 か所では、「13 時の観測時」を起点に、「9 時台」と「15時台」に大きく分類の学習がされています。

表5-1　平成27年度 全国道路・街路交通情報調査 一般交通量調査 集計表

	A	B	C	D	E	F	G	H	I	J	K	L	M	N	O	P	Q
1	kukannbann	douro	syubi	rosennbann	syasennku	7h	8h	9h	10h	11h	12h	13h	14h	15h	16h	17h	18h	19h
2	10	1	1100	1	367	423	422	432	455	456	483	593	623	683	631	582	37
3	10	1	1100	2	148	134	184	193	162	169	140	141	144	162	127	136	11
4	10	1	1100	1	635	682	703	663	490	372	431	450	487	468	498	388	29
5	10	1	1100	2	171	143	153	180	184	166	154	181	156	141	165	132	16
6	20	1	1100	1	747	823	482	500	462	510	541	588	623	655	605	581	36
7	20	1	1100	2	165	164	213	190	181	154	144	160	138	149	140	141	11
8	20	1	1100	1	659	665	688	662	537	418	470	486	503	593	655	570	40
9	20	1	1100	2	163	162	168	186	207	151	186	181	189	151	176	137	16
10	30	1	1100	1	747	823	482	500	462	510	541	588	623	655	605	581	36
11	30	1	1100	2	165	164	213	190	181	154	144	160	138	149	140	141	11
12	30	1	1100	1	659	665	688	662	537	418	470	486	503	593	655	570	40
13	30	1	1100	2	163	162	168	186	207	151	186	181	189	151	176	137	16
14	40	1	1100	1	747	823	482	500	462	510	541	588	623	655	605	581	36
15	40	1	1100	2	165	164	213	190	181	154	144	160	138	149	140	141	11
16	40	1	1100	1	659	665	688	662	537	418	470	486	503	593	655	570	40
17	40	1	1100	2	163	162	168	186	207	151	186	181	189	151	176	137	16
18	50	1	1100	1	747	823	482	500	462	510	541	588	623	655	605	581	36
19	50	1	1100	2	165	164	213	190	181	154	144	160	138	149	140	141	11
20	50	1	1100	1	659	665	688	662	537	418	470	486	503	593	655	570	40
21	50	1	1100	2	163	162	168	186	207	151	186	181	189	151	176	137	16
22	60	1	1100	1	747	823	482	500	462	510	541	588	623	655	605	581	36
23	60	1	1100	2	165	164	213	190	181	154	144	160	138	149	140	141	11
24	60	1	1100	1	659	665	688	662	537	418	470	486	503	593	655	570	40
25	60	1	1100	2	163	162	168	186	207	151	186	181	189	151	176	137	16
26	70	1	1100	1	1179	1035	748	703	653	694	717	789	804	845	868	900	62
27	70	1	1100	2	215	258	263	254	212	196	173	182	170	203	173	182	12

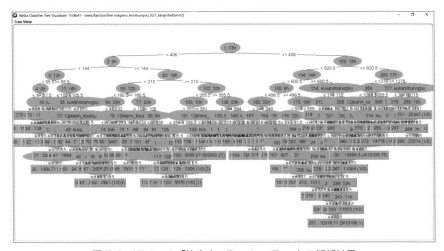

図5-1　Weka の「決定木：Random Tree」の解析結果

　「決定木」の図からは、大きく2つに分岐し、さらに枝葉のように分岐がなされて全体を構成しているのが分かります。

　データは、いわゆる「数値データ」ですが、データを捉える視点を「（車が）出現する」という視点で見ることは、意外に落としやすいデータの構造をしっかり捉えるためにも重要な視点です。
　なので、注意深く「決定木」を見る必要があります。

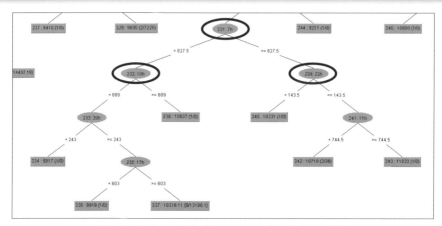

図 5-2　決定木の図を「Auto Scale」で拡大した部分

　図 5-2 は、先の解析結果を「Auto Scale」で部分が分かるようにしたものです。

　たとえば、「データ番号 231 の 7 時台」は、「データ番号 232 の昼 10 時台」と「データ番号 239 の 22 時（夜 10 時）」と特性がほぼ似ていることを示しています。

　実際に実務へ応用して環境改善を行なうには、こうした部分へ着眼し、現場を確認することで、あまり費用を掛けずに大きく改善できる何かを掴むこともできます。

5.2	不確実な尺度をもつデータの解析 （CDT Algorithm：不確実な尺度をもつデータ）

「不確実性」とは、行為と結果の因果構造が一定の確率分布で記述できる場合を「リスク」と呼び、そうでない場合を「不確実性」と呼ぶと**参考文献**01に紹介されています。

*

　この節では、相関が「無相関に近い」あるいは「（統計的に）有意」※であっても、あまりその数値が高くないと考えられるデータを解く方法について解説を行ないます。

※ 確率的に誤差によって生じたものとは考えにくい意味のある差のこと

5.2.1	さまざまな分野へ応用できる 「コンタクトレンズ」のモデル

「不確実性」というのは、とても分かりにくいので、例を挙げると、

・確率的な不確実現象には、サイコロ、宝くじなど
・偶発的な不確実現象には、交通事故、手術の成否など
・未解明な不確実現象には、地球温暖化
・交渉条件的な不確実現象には、相手と結婚できる可能性

などがあることを**参考文献**01で挙げています。

　何気なく行なわれているアンケートでも、「面白かった」とか「面白くなかった」という項目への回答では、多くの方があまり気にせずに選択をしています。

　このようなデータ例の1つには、今回の「コンタクトレンズ」のモデルケースがあります。
　これは眼鏡店や医療の眼科以外の「建設系」「マーケティング系」にもさまざまな分野へ応用ができます。

第5章 「文字データ」の解析

■ Clusters.Canopy（キャノピー・クラスタリング）

「Clusters.Canopy」は、変数の多い「高次元データ」を効率的にクラスタリングすることに特徴のある手法です。

モデルケースのサンプルデータは「Program Files」の中に「Weka-3-8-4 → data → contact-lenses.arff」があり、それを使います。

データの全容が下の**図 5-3**です。

No.	1: age Nominal	2: spectacle-prescrip Nominal	3: astigmatism Nominal	4: tear-prod-rate Nominal	5: **contact-lenses** Nominal
1	young	myope	no	reduced	none
2	young	myope	no	normal	soft
3	young	myope	yes	reduced	none
4	young	myope	yes	normal	hard
5	young	hypermetrope	no	reduced	none
6	young	hypermetrope	no	normal	soft
7	young	hypermetrope	yes	reduced	none
8	young	hypermetrope	yes	normal	hard
9	pre-presbyopic	myope	no	reduced	none
10	pre-presbyopic	myope	no	normal	soft
11	pre-presbyopic	myope	yes	reduced	none
12	pre-presbyopic	myope	yes	normal	hard
13	pre-presbyopic	hypermetrope	no	reduced	none
14	pre-presbyopic	hypermetrope	no	normal	soft
15	pre-presbyopic	hypermetrope	yes	reduced	none
16	pre-presbyopic	hypermetrope	yes	normal	none
17	presbyopic	myope	no	reduced	none
18	presbyopic	myope	no	normal	none
19	presbyopic	myope	yes	reduced	none
20	presbyopic	myope	yes	normal	hard
21	presbyopic	hypermetrope	no	reduced	none
22	presbyopic	hypermetrope	no	normal	soft
23	presbyopic	hypermetrope	yes	reduced	none
24	presbyopic	hypermetrope	yes	normal	none

Viewer — Relation: contact-lenses
[Add instance] [Undo] [OK] [Cancel]

図 5-3　コンタクトレンズのデータ

データに用いられている「属性」（attribute：属性、変数）を先に説明します。

「属性」のデータは「メモ帳」を開いて、そこからデータファイルを開けば見ることができます。

```
@relation contact-lenses

@attribute age                  {young, pre-presbyopic, presbyopic}
@attribute spectacle-prescrip   {myope, hypermetrope}
@attribute astigmatism          {no, yes}
@attribute tear-prod-rate       {reduced, normal}
@attribute contact-lenses       {soft, hard, none}
```

図5-4　コンタクトレンズの arff データの冒頭部分

データの「属性」は、次のとおりです。

age	「年齢」というより ここでは「世代」という括りで、「young（若年層）」「pre-presbyopia（老視前）」「presbyopia（老視）」
spectacle-prescript（眼鏡処方箋）	myopia（近視）, hypermetrope（高血圧）
astigmatism（乱視）	有りか無しか
tear production rate（涙液の度合い）	少な目、通常
contact-lenses（コンタクト レンズ）	ソフト、ハード、使っていない

※ このデータの説明では、「the patient should not be fitted with contact lenses.（コンタクトレンズを装着しないでください）」ということから、使っていないではなく、装着に不向きとなります。
※ データでは形容詞や一部省略していますが部分的に修正して正しい語彙に変えています。

*

ここで、もう一度データを見てみましょう。

　入れられているデータは「文字データ」ですが、「乱視の有無」「近視か」「眼鏡処方箋があるか」「高血圧か」「涙液の度合い」、それに「若年層か」「老視前か」「老視か」というデータだけで構成されています。

　このように1つの事実ではあるけれども、どれも本当に確かかと言われると、なんとも言い難いというのが否めません。
　若年層が何歳から何歳までかもあいまいです。

121

*

では、実際にデータの分布を「Weka」の「Cluster → Canopy」で解いてみます。

「Start ボタン」を押し、画面左下の「Result list（right-click for options）」の中の青い表になった部分のを右クリックすると「Visualize cluster assignments」をクリックすると、下のように**図 5-5** が表示されます。

※「Jitter」のスクロールボタンで分布状況の近接度を変えられます

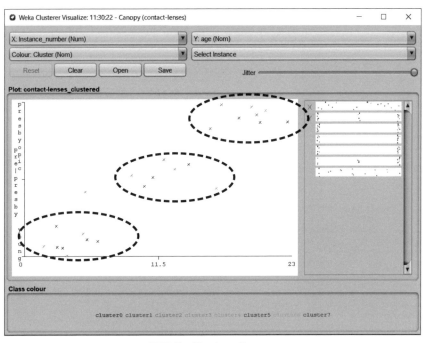

図 5-5　Clusters.Canopy

「Canopy」の解析結果からは、**図 5-5** に示すように 3 つの群があることが分かります。

5.2.2 「CDT アルゴリズム」による「不確実な尺度」をもつデータの機械学習

■ CDT アルゴリズム

「**CDT**」（Credal Decision tree：クレダル決定木）は、「不正確な確率」と「不確実性の尺度」に基づいて分類器を設計するアルゴリズムとして知られています。

この「Credal」には、「数によって得られる確率割り当ての状態を信念状態」（Credal state）という説明から来ています。

この「**信念状態**」とは、「確率によって1つの状態を事実として受け入れる」という意味合いで捉えます。

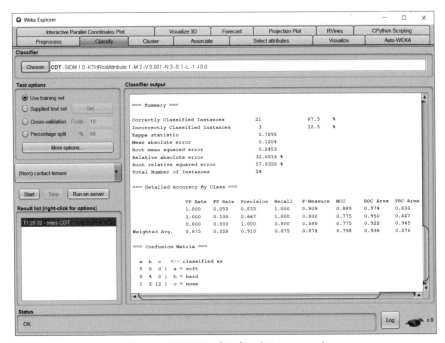

図5-6　CDT アルゴリズム（Weka-trees）

「CDT アルゴリズム」は、「Weka」の「Classify.trees」の中に入っています。

図 5-6 の左下の青い選択部分を右クリックすると「Visualize tree」を
クリックすると下の**図 5-7** が表示されます。

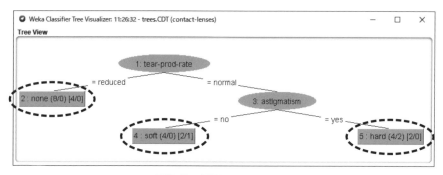

図 5-7　CDT の Tree View

ここでも**図 5-5** の「Clasters.Canopy」で先行解析をした結果を裏付け
るように 3 つの群があることが分かります。

「コンタクトレンズなし」「ソフトコンタクト」「ハードコンタクト」の
3 つは「涙目」の状態で左右されているという結果です。

つまり、計算の結果からは、データの中からルールを抽出して決定木を
作っています。

涙液の度合いが少なければコンタクトレンズは着用しないほうがいいと
学習結果が出されています。

■ 他の決定木アルゴリズムによる比較

図 5-8 は、「決定木」でもオーソドックスな「J48 アルゴリズム」で、**図
5-9** は「Random Tree」です。

これらをよく見ると、楕円のように「CDT」が基本の分類を成していた
ことが伺えます。

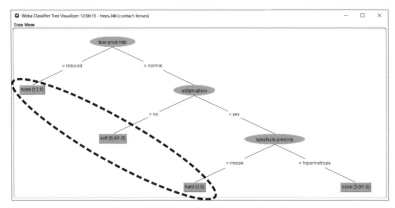

図5-8　J48 アルゴリズム（Weka-trees）

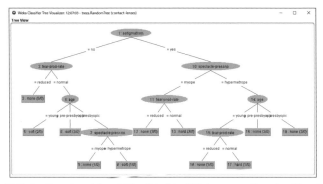

図5-9　Random Tree アルゴリズム（Weka.trees.RandomTree）

＊

　この節では、「不確実な尺度をもつデータ」に威力を発揮することが知られている「CDT アルゴリズム」に焦点を当てて解説しました。

　「機械学習」では、**「分類」「予測（評価）」**の2つが大きな学習の特徴と言えますが、「データを吟味」することで、「確かな調査によって得た数値データ」であるのか、あるいは「文字データ」であるのかに加え、それらの中に「あいまいさをもつ不確実な尺度によるデータ」があるのかを解析の事前に検討する必要があります。

　「あいまいさの不確実な尺度のデータ」には、どのようなグループ（クラスターの群）があるのかを探りたいときに、この「CDT アルゴリズム」は

大きな威力を発揮します。

■ 不確実な尺度のデータの例

「不確実な尺度」と言っても、やはりどうしても「分かりにくい」というのは否めませんので、いくつかの例題と挙げておきましょう。

たとえば、

- ・「距離」などでは「少し遠い」「やや近い」
- ・傷などの「大きさ」では「小さなひび割れ」「はっきりしたひび割れ」
- ・「数」などでは「かなり多い」「少ない感じ」
- ・「重さ」などでは「相当重たい」「どちらかという軽い」
- ・「味の評価」などでは「とてもうまい」「あまりうまいとは言えない」
- ・「新旧」などでは「少し錆がある」「古そうだけど見た目はきれい」

のように、さまざまに対象を形容する評価の尺度があります。

実は、こうした形容の尺度も「不確実な尺度」と言えるのです。

<table>
<tr><td>

5.3

</td><td>

野菜の成長評価の分析 欠測値の多いデータ
(Cobweb Algorithm：増分型階層的概念クラスタリング)

</td></tr>
</table>

この節では、サンプルモデルをかなり専門的に分化させた例を紹介します。

＊

「Cobweb」は「クモの巣」という意味をもちます。

例をデータとしたものと、観察されたデータによって形成する方法に**「概念学習」**（**Concept Learning**）というのがあります。

この観察によって得られたデータは、必ずしも詳細な器材によってサイズや状態の根拠とすることができないような「観察状態」によって分類を行なうという方法です。

＊

このような場合の学習方法の１つに**「階層的概念クラスタリング」**というのがあります。

ここでは、「Weka」に実装されている「Cobweb」によって解析を行なう例を紹介します。

5.3.1　概念クラスタリングのための大豆のデータ

「概念クラスタリング」は、データから概念の形成を行なう際に、いくつかの概念を階層的に形成して「決定木」を作っていきますが、Cobweb などの概念クラスタリングでは**「概念階層木」**と呼んでいます（**参考文献01**）。

「概念形成」のクラスタリングでは、他にも「CAFE」などのシステムも現在は研究されています。

この「Cobweb」は、「機械学習」の分野で「概念学習」という領域を切り開いたという点でとても重要な手法といえます。

ここでは、「Weka」の「データセット」や「UCI」（University of Calfornia Irvine：カリフォルニア大学アーバイン校）の Machine Learning の公開データセットにもある「soybean.arff（大豆）」のデータを使って「概念クラスタリング」（概念学習）の先駆けともいえる**「Cobweb」**について使

い方を解説していきます。

■「概念形成」と「不確実な尺度」をもつデータとの違い

「概念形成」は、

・学習対象がどのような階層を形成しているのかを表現する**「知識表現」**
・それらがどのように分類されていくのかに対する**「学習手法」**
・それに分類の階層をどのように選択していくのかという評価関数を使った**「探索制御」**

によって行なわれます。

この「概念形成で使われるデータ」と「CDT アルゴリズム」で扱われる「不確実な尺度データ」は似ていますが、異なることを知っておく必要があります。

*

前者の「概念形成」では、たとえば、「植物の葉の状態」をデータ化する際には、「葉に病気らしいものがある → 茶色の斑点がある」などの状態と「うどんこ病、炭疽病、‥」などと状態を比較して学習を行なう方法です。

これに対して後者の「不確実な尺度データ」の場合は、「若年層」などのように、「具体的年齢を特定化せず漠然と分類」したところに特徴があります。

■ 概念クラスタリングのための大豆（Soybean）のデータ

大豆のデータは、「Weka」の「Program files → Weka-3-8-4 →（すべてのファイル）data 」の中に「soybean.arff」があります。

変数である属性は「35」で、データ行数は「683」です。
全部で「23,905」のデータです。

表5-2　上側：大豆のデータセットの属性（変数）　下側：データ部分

```
@RELATION soybean

@ATTRIBUTE date                  [april,may,june,july,august,september,october]
@ATTRIBUTE plant-stand           [normal,lt-normal]
@ATTRIBUTE precip                [lt-norm,norm,gt-norm]
@ATTRIBUTE temp                  [lt-norm,norm,gt-norm]
@ATTRIBUTE hail                  [yes,no]
@ATTRIBUTE crop-hist             [diff-lst-year,same-lst-yr,same-lst-two-yrs, same-lst-sev-yrs]
@ATTRIBUTE area-damaged          [scattered,low-areas,upper-areas,whole-field]
@ATTRIBUTE severity              [minor,pot-severe,severe]
@ATTRIBUTE seed-tmt              [none,fungicide,other]
@ATTRIBUTE germination               [90-100,80-89,lt-80]
@ATTRIBUTE plant-growth          [norm,abnorm]
@ATTRIBUTE leaves                [norm,abnorm]
@ATTRIBUTE leafspots-halo        [absent,yellow-halos,no-yellow-halos]
@ATTRIBUTE leafspots-marg        [w-s-marg,no-w-s-marg,dna]
@ATTRIBUTE leafspot-size         [lt-1/8,gt-1/8,dna]
@ATTRIBUTE leaf-shread           [absent,present]
@ATTRIBUTE leaf-malf             [absent,present]
@ATTRIBUTE leaf-mild             [absent,upper-surf,lower-surf]
@ATTRIBUTE stem                  [norm,abnorm]
@ATTRIBUTE lodging               [yes,no]
@ATTRIBUTE stem-cankers          [absent,below-soil,above-soil,above-sec-nde]
@ATTRIBUTE canker-lesion         [dna,brown,dk-brown-blk,tan]
@ATTRIBUTE fruiting-bodies       [absent,present]
@ATTRIBUTE external-decay        [absent,firm-and-dry,watery]
@ATTRIBUTE mycelium              [absent,present]
@ATTRIBUTE int-discolor          [none,brown,black]
@ATTRIBUTE sclerotia             [absent,present]
@ATTRIBUTE fruit-pods            [norm,diseased,few-present,dna]
@ATTRIBUTE fruit-spots           [absent,colored,brown-w/blk-specks,distort,dna]
@ATTRIBUTE seed                  [norm,abnorm]
@ATTRIBUTE mold-growth               [absent,present]
@ATTRIBUTE seed-discolor         [absent,present]
@ATTRIBUTE seed-size             [norm,lt-norm]
@ATTRIBUTE shriveling            [absent,present]
@ATTRIBUTE roots                 [norm,rotted,galls-cysts]
@ATTRIBUTE class                 [diaporthe-stem-canker, charcoal-rot, rhizoctonia-root-rot,
                                 phytophthora-rot, brown-stem-rot, powdery-mildew, downy-mildew, brown-spot,
                                 bacterial-blight, bacterial-pustule, purple-seed-stain, anthracnose,
                                 phyllosticta-leaf-spot, alternarialeaf-spot, frog-eye-leaf-spot,
                                 diaporthe-pod-&-stem-blight, cyst-nematode, 2-4-d-injury, herbicide-injury]
```

```
-sev-yrs, low-areas, ?, ?, ?, abnorm, abnorm, absent, dna, dna, absent, absent, absent
-lst-two-yrs, low-areas, ?, ?, ?, abnorm, abnorm, ?, ?, ?, ?, ?, ?, abnorm, ?, above-s
e-lst-two-yrs, low-areas, severe, fungicide, 80-89, abnorm, abnorm, absent, dna, dna,
-lst-two-yrs, low-areas, ?, ?, ?, abnorm, abnorm, ?, ?, ?, ?, ?, ?, abnorm, ?, above-s
t-two-yrs, low-areas, ?, ?, ?, abnorm, abnorm, ?, ?, ?, ?, ?, ?, abnorm, ?, above-sec-
t-yr, low-areas, pot-severe, none, 90-100, abnorm, abnorm, absent, dna, dna, absent, a
me-lst-two-yrs, low-areas, severe, fungicide, 80-89, abnorm, abnorm, absent, dna, dna,
```

「?」マークの部分は欠測値です。

表5-3　Weka の Preprocess の「Edit」ボタンで開いたデータ

表**5-2**は、メモ帳で「soybean.arff」を開いたもので、**表5-3**は「Weka
のEdit」で開いたデータです。

　欠測データは、メモ帳では「?」マークが付いており、Editではグレーに
なっているのが欠測値です。

　Excelから欠測値のあるデータ作成する際には、欠測値は「?」マークを
入れるとエラーになりますので、データ作成は他のサンプルデータを参考に
メモ帳で作成することをお勧めします。

● **各変数**

　各変数の要約を下の**表5-4**に示しておきます。

表5-4　大豆のデータセットの属性（変数）の要約

plant-stand	植樹時期	Stem（幹）	正常、異常
precip	降水量	lodging （倒状性）	なし、あり
temp	温度	stem-cankers （茎のコブ）	なし、土壌下、 土壌上
hail	雹（ヒョウ）	fruiting-bodies （結実体）	なし、あり
crop-hist	植えた履歴	external-decay （外部の欠損）	なし、固く乾燥、 水っぽい
area-damaged （ヒョウによる損傷）	散在、低域、広域、 全域	mycelium （菌糸体）	なし、あり
severity （ダメージ重大度）	マイナー、ポット重 度、重度	int-discolor （形態の変容）	なし、茶、黒
seed-tmt（薬剤）	なし、殺菌剤、 その他	sclerotia （菌核）	なし、あり
germination（発芽）	90-100,80-89、 lt-80	fruit-pods （実）	正常、病害、 少数あり
plant-growth （発育）	正常、異常	fruit-spots （葉のシミ）	なし、着色、茶斑点、 歪曲
leaves（葉の発育）	正常、異常	seed（種）	正常、異常

leafspots-halo	なし、黄色の穴、黄色の穴なし	mold-growth （カビの付着）	なし、あり
leafspots-marg （へり）	ws-marg、no-ws-marg、dna	seed-discolor （種子の変色）	なし、あり
leafspot-size	lt-1/8、gt-1/8、dna	seed-size（サイズ）	標準、標準と異なる
leaf-shread （葉の破片）	存在しない、存在する	shriveling （しわの程度）	なし、あり
leaf-malf	存在しない、存在する	roots	標準、腐っている、有害状態
leaf-mild	不在、アッパーサーフ、ロワーサーフ		

【 class：19 個の教師データ 】

ジアポルテ - 茎潰瘍、木炭腐敗病、リゾクトニア - 根腐病 疫病、茶色の茎腐れ、うどんこ病、べと病、ブラウンスポット バクテリア、細菌性膿疱、紫の種の染み、炭疽病、 ハンテン性病害、不完全菌、葉の斑点を起こす真菌性病害、 果実腐敗病、寄生植物による害、2-4-d（除草剤）、 アセトラクテート合成酵素阻害剤型の除草剤による薬害

　本節での用語は、厳密に植物学の専門用語とは異なる部分がありますので、あらかじめご了解ください。

5.3.2　　　　Cobweb アルゴリズム

　次に、「Cobweb」による解析を行ないます。

　「Cluster output」では、分岐（node）化している様子が出力されています。

　左下の「Result list（right…）」の青い部分を右クリックして、「Visualize tree」をクリックすると、下のように「概念階層木」が出力されます。

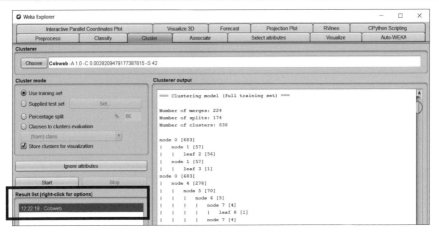

図 5-10 Weka の Cobweb

■ 階層的概念クラスタリング

「概念階層木」は、いわゆる大きく括り、「決定木」の１つですが、「J48」や「Random tree」と異なるのは、分岐部分に「分岐条件」が付されていないことです。

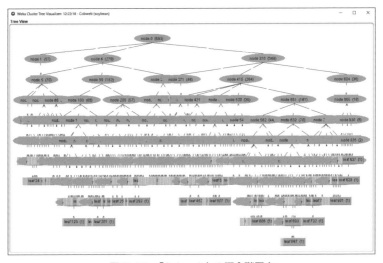

図 5-11 「Cobweb」の概念階層木

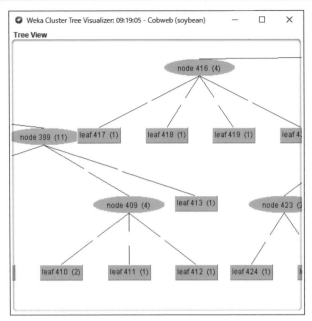

図 5-12　Cobweb の概念階層木の部分拡大

この「概念階層木」では、学習によって分岐された「node」と「leaf」の分岐過程を知ることができますが、各変数との意味合いを探るのは、このままではできません。

その際は、「Result list」の青い部分を右クリックし、「Visualize cluster assignments」をクリックします。

■ 階層的概念クラスタリングの各変数の意味合いを探る

データの変数の意味合いを探るには、「Visualize cluster assignments」によって、各変数の関係を把握することができます。

具体的には、**図 5-13** の枠線部分の下▼ボタンで変数を選ぶことでデータの関係を探ることができます。

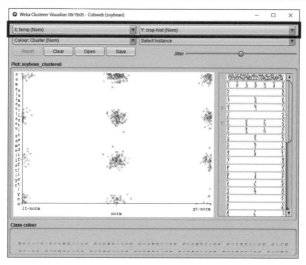

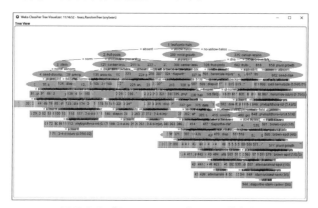

図 5-13　Cobweb の概念階層木の変数の関係を探る

　全体的な変数間の相関はこれで分かりますが、詳細な「概念の分岐条件は
何か？」を探るには、この「Cobweb アルゴリズム」だけでは、完全に行な
うことができません。

＊

　現在では、こうした弱点を補う手法に、**参考文献 01** にある「CAFE」が
ありますが、汎用的に「Weka」には組み込まれていません。

　その際は、「概念階層木」と一緒に、「Classify.trees.Random Tree」を用
いることで、詳細な分岐条件を把握できます。

図 5-14　「Random Tree」による決定木

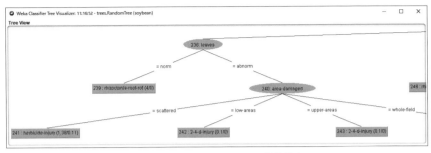

図 5-15　Random Tree の部分拡大

　ここで「Cobweb」から得るものは「いくつの階層をもって概念データを形成しているのか」を把握することです。

　その「階層木」に基づいて、「Random Tree」で各変数の分岐条件を把握するという「2 段構え」の方法が「概念クラスタリング」をうまく使うコツになります。

第 **6** 章

数値と文字データの「混在型データ」の解析

　　数値と文字データの混在型は、なかなか思うように計算へもっていくことができませんが、「Weka」では自動的にデータを読み込みます。

　　ここでは、輸入自動車の価格評価と、ある状態の場合の予測、そして他の手法（アルゴリズム）との精度比較を行ないます。
　　また、「学習データ」と「テストデータ」を別々に入れる方法、そして少し珍しく視覚的に分かりやすい「クラスター分類」の方法を紹介します。

第6章　数値と文字データの「混在型データ」の解析

6.1　米国での輸入自動車の価格評価と予測（Decision Tree）

　輸入自動車などのデータでは、商品の「価格」「乗り心地」「スタイル」は購買決定する際の大きな要因（条件）です。
　また、それ以外にも、「燃費」「サービスはどうか」「車内の雰囲気はどうか」「エンジン性能」などがあります。

　もちろんこれ以外に、なかなか素人には分かりにくい性能や、イベントによる告知（口コミや宣伝などのチラシ情報など）、そして「ふところ具合」も関係して、販売店の「売上」に影響を与えます。
＊
　このようなときに、要因である「条件」と、その条件で出てくる売上は、1つの「期待値」と考えることができます。
　このようなモデルケースのときに意外と高い精度をもつものに「決定表」（Decision Table）があります。

6.1.1　Decision Table

　「Decision Table」はその名の通り「決定表」と呼ばれ、複数の条件（属性）から、期待されるものを絞り込むときに用いられる手法として知られています。

　「機械学習」では、「Weka」の「Rules」の中に分類されており、使い方がなんとなく分かりづらいように感じられます。
　ここでは、簡単なモデルケースで実際に解いて解説を行ないましょう。

■ 輸入自動車の価格帯の予測

　「Decision Table」は「決定表」として威力を発揮するだけでなく、「予測」もできます。
　具体的にサンプルデータを世界的に有名な「UCI」（Machine Learning Repository）の中にある「Index of /ml/machine-learning-databases/autos」のデータセット（Title: 1985 Auto Imports Database）を使って、米国での輸入車の価格評価の予測をしてみましょう。

（UCI：University California Irvine 校の略）。

＊

　このデータは、米国の輸入車の自動車特性をもとにした予測価格についてのデータセットです。

　データは「205 行 × 26 列 ＝ 5,330」のデータで構成されています。

　データそのものは古いのですが、車種や車のメーカーは現在でもよく知られているメーカーです。

　ただし、「エンジン性能」などは少し車好きでないとイメージしにくいかもしれません。

＊

　使われるデータの属性を示しておきます。

表 6-1　モデルケースの輸入車のデータ（Title：1985 Auto Imports Database）

no	Attribute	Attribute Range
1	symboling	−3, −2, −1, 0, 1, 2, 3.（＋3：危険側、−3：安全側）
2	normalized-losses	continuous from 65 to 256.（使用損失評価値）
3	Make（車メーカー）	alfa-romero, audi, bmw, chevrolet, dodge, honda,isuzu, jaguar, mazda, mercedes-benz, mercury, mitsubishi, nissan, peugot, plymouth, porsche, renault, saab, subaru, toyota, volkswagen, volvo
4	fuel-type	diesel, gas.（ディーゼル車、ガソリン車）
5	aspiration	std, turbo.（標準型エンジン、ターボエンジン）
6	num-of-doors	four, two.（4 ドア、2 ドア）
7	body-style（タイプ）	hardtop, wagon, sedan, hatchback, convertible.
8	drive-wheels	4wd, fwd, rwd.（4 輪駆動、前輪駆動、後輪駆動）

9	engine-location	front, rear.（前搭載エンジン、後ろ搭載エンジン）
10	wheel-base	continuous from 86.6 120.9.（ホイールサイズ）
11	length	continuous from 141.1 to 208.1.（車長）
12	width	continuous from 60.3 to 72.3.（車幅）
13	height	continuous from 47.8 to 59.8.（車高）
14	curb-weight	continuous from 1488 to 4066.（カーブ特性）
15	engine-type	dohc, dohcv, l, ohc, ohcf, ohcv, rotor.（エンジンタイプ）
16	num-of-cylinders	eight, five, four, six, three, twelve, two.（シリンダー数）
17	engine-size	continuous from 61 to 326.（エンジンサイズ）
18	fuel-system	1bbl, 2bbl, 4bbl, idi, mfi, mpfi, spdi, spfi.（燃料システム）
19	bore	continuous from 2.54 to 3.94.（エンジンシリンダー容量）
20	stroke	continuous from 2.07 to 4.17.（〃、ストローク）
21	compression-ratio	continuous from 7 to 23.（ピストンの圧縮比）
22	horsepower	continuous from 48 to 288.（馬力）
23	peak-rpm	continuous from 4150 to 6600.（エンジン回転数）
24	city-mpg	continuous from 13 to 49.（mile per gallon：燃費）
25	highway-mpg	continuous from 16 to 54.（ハイウェイ時の燃費）
26	price	continuous from 5118 to 45400.（価格）

表6-2 「Title: 1985 Auto Imports Database」のデータ

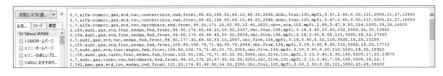

[1] ファイルを開き、「メモ帳」にコピー＆ペーストして、一度「txt形式」で保存します。

表6-3 データをメモ帳にコピペ

[2] 次に、メモ帳に張り付けたら、「Excel」でファイルを"すべてのファイル(*.*)"として「txtファイル」を開くと、下のように"テキストファイルウイザード"が出てきます。「次へ」ボタンを押します。

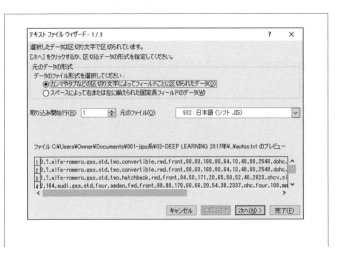

図 6-1　Excel のテキストファイル ウィザード

　下のように「Weka」にデータを読み込みました。
　グレー部分のデータは「欠測値データ」です。

[3] データのいちばん末尾の行の「Volvo」の「価格」（price）を「?」（半角英数）にして予測してみます。

[4] 「UCI」の「Search ボックス」に「Automobile Data Set」と入れて検索すると、下が出てきます。

No	1: symboling	2: normalized-losses	3: make	4: fuel-type	5: aspiration	6: num-of-doors	7: body-style	8: drive-wheels	9: engine-location	10: wheel-base	11: length	12: width
	Numeric	Numeric	Nominal	Nominal	Nominal	Nominal	Nominal	Nominal	Nominal	Numeric	Numeric	Numeric
1	3.0		alfa-r...	gas	std	two	convertible	rwd	front	88.6	168.8	64.1
2	3.0		alfa-r...	gas	std	two	convertible	rwd	front	88.6	168.8	64.1
3	1.0		alfa-r...	gas	std	two	hatchback	rwd	front	94.5	171.2	65.5
4	2.0	164.0	audi	gas	std	four	sedan	fwd	front	99.8	176.6	66.2
5	2.0	164.0	audi	gas	std	four	sedan	4wd	front	99.4	176.6	66.4
6	2.0		audi	gas	std	two	sedan	fwd	front	99.8	177.3	66.3
7	1.0	158.0	audi	gas	std	four	sedan	fwd	front	105.8	192.7	71.4
8	1.0		audi	gas	std	four	wagon	fwd	front	105.8	192.7	71.4
9	1.0	158.0	audi	gas	turbo	four	sedan	fwd	front	105.8	192.7	71.4
10	0.0		audi	gas	turbo	two	hatchback	4wd	front	99.5	178.2	67.9
11	2.0	192.0	bmw	gas	std	two	sedan	rwd	front	101.2	176.8	64.8
12	0.0	192.0	bmw	gas	std	four	sedan	rwd	front	101.2	176.8	64.8
13	0.0	188.0	bmw	gas	std	two	sedan	rwd	front	101.2	176.8	64.8
14	0.0	188.0	bmw	gas	std	four	sedan	rwd	front	101.2	176.8	64.8
15	1.0		bmw	gas	std	four	sedan	rwd	front	103.5	189.0	66.9
16	0.0		bmw	gas	std	four	sedan	rwd	front	103.5	189.0	66.9
17	0.0		bmw	gas	std	two	sedan	rwd	front	103.5	193.8	67.9
18	0.0		bmw	gas	std	four	sedan	rwd	front	110.0	197.0	70.9
19	2.0	121.0	chevr...	gas	std	two	hatchback	fwd	front	88.4	141.1	60.3
20	1.0	98.0	chevr...	gas	std	two	hatchback	fwd	front	94.5	155.9	63.6
21	0.0	81.0	chevr...	gas	std	four	sedan	fwd	front	94.5	158.8	63.6
22	1.0	118.0	dodge	gas	std	two	hatchback	fwd	front	93.7	157.3	63.8

図 6-2　Weka に csv 形式データを読み込んだところ

■ 意外にも「Decision Table」が善戦

「Decision Table」は「決定表」として威力を発揮するだけでなく、予測も行なうことができます。

複数のアルゴリズムの価格予測結果を表にしたものを示しておきます (単位：推定＄)。

表6-4　複数の蟻後リズムによる計算結果の比較

		実際値	予測値	誤差
lazy	IBk	22,625	19,045	3,580
functions	gaussian P	22,625	18307.04	4,318
	Least MedSq	22,625	18741.53	3,883
	Linear Reg	22,625	18917.59	3,707
	MLP	22,625	17144.29	5,481
	MLP (2層)	22,625	17122.02	5,503
	MLP CS	22,625	18433.34	4,192
	RBFNet	22,625	18691.09	3,934
	SMOreg	22,625	18470.3	4,155
	Bagging	22,625	18082.26	4,543
rules	DecisionTable	22,625	21876	749
	M5Rules	22,625	20249.31	2,376
timeseries	HoltWinters	22,625	23004.92	-380
trees	M5P	22,625	20276.3	2,349
	Randomtree	22,625	18997.5	3,628

計算の結果は「time series の Holt-Winters 法」と意外にも「Rules の Decision Table」アルゴリズムでした。

誤差率は「前者が 1.68%」、後者が「3.31%」でかなりの精度です。

すでに「Time series の Holt-Winters 法」で解説したように、ただの時系列問題ではなくても、**次第に値段が大きくなる傾向の対象**の場合は、アルゴリズムに時系列のものを入れて、他のアルゴリズムと比較して見るというのも選択肢に入れることができるということです。

＊

次の画像は、解析の結果をアルゴリズム別に「レーダーチャート」で描いたものです。

　このように問題をいくつかのアルゴリズム別に精度比較することで、その問題にどのような方法が望ましいと思われるのかが一目瞭然に分かります。

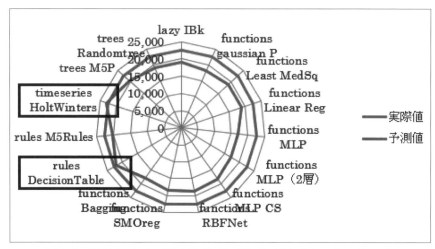

図 6-3　車のデータベースを複数のアルゴリズムで解いたレーダーチャート

6.2	ワインの選好―「学習データ」と「テストデータ」を使う方法（深層学習：Deep Learning）

「機械学習」「AI」では、よく「学習データ」「テストデータ」という用語を見聞きすることが多いです。

ここでは、実際に「Weka」で「学習データ」を蓄積化しておいたものを新規の「テストデータ」で解析する方法を解説します。

今回は「数値データ」ですが、「Deep Learning」では、「数値」「文字データ」がともに混在しても使えるので、あえて「混在型」にしました。

6.2.1 「学習データ」と「テストデータ」を分けて使う

特定の問題を解いていく場合、「学習データ」を蓄積しながら、新しいデータを「テストデータ」として使います。

そして、「テストデータ」の数をある程度のデータの大きさにすることで、今までの蓄積データの「学習データ」に付け足していき、データ作成の労力を少なくすることができます。

*

全体のデータ量は、「過去の学習データ＋テストデータ」になり、データ数は大きくはなりますが、「データのストック」「新規データ作成の省力化」という点で利点があります。

■ UCI の「Machine Learning Repository」からワインのデータを使う

使うデータは、「UCI」（University of Calfornia Irvine：カリフォルニア大学アーバイン校）の「Machine Learning Repository」（倉庫の意）からワイン（赤）データを使います。

[1]「UCI」のメイン画面の右上の検索ボタンに「Wine Quality Data Set」と入れて検索を行ないます。

一度インターネットの検索ページに戻りますが、探したいサイトがあるので、それをクリック。

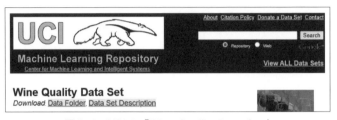
図6-4　UCIの「Wine Quality Data Set」

Index of /ml/machine-learning-databases/wine-quality

- Parent Directory
- winequality-red.csv
- winequality-white.csv
- winequality.names

図6-5　Wine Quality Data Set の Databases

[2] この中の「Winequality-red.csv」をクリックすると、画面左下に、Excelでファイル名と「ファイルを開く」があるので、ここからファイルを開きます。

　データは1600行あります。

	A	B	C	D	E	F	G	H	I	J	K	L	M	N	O
1	fixed acidity;"volatile acidity";"citric acid";"residual sugar";"chlorides";"free sulfur dioxide";"total sulfur dioxide";"density";"pH";"sulphates";"alcohol";"quality"														
2	7.4;0.7;0;1.9;0.076;11;34;0.9978;3.51;0.56;9.4;5														
3	7.8;0.88;0;2.6;0.098;25;67;0.9968;3.2;0.68;9.8;5														
4	7.8;0.76;0.04;2.3;0.092;15;54;0.997;3.26;0.65;9.8;5														
5	11.2;0.28;0.56;1.9;0.075;17;60;0.998;3.16;0.58;9.8;6														
6	7.4;0.7;0;1.9;0.076;11;34;0.9978;3.51;0.56;9.4;5														
7	7.4;0.66;0;1.8;0.075;13;40;0.9978;3.51;0.56;9.4;5														
8	7.9;0.6;0.06;1.6;0.069;15;59;0.9964;3.3;0.46;9.4;5														
9	7.3;0.65;0;1.2;0.065;15;21;0.9946;3.39;0.47;10;7														
10	7.8;0.58;0.02;2;0.073;9;18;0.9968;3.36;0.57;9.5;7														
11	7.5;0.5;0.36;6.1;0.071;17;102;0.9978;3.35;0.8;10.5;5														
12	6.7;0.58;0.08;1.8;0.097;15;65;0.9959;3.28;0.54;9.2;5														

図6-6　ExcelにもってきたWine Quality Data Set の Databases

[3] このExcelデータを計算に使えるように、データの「区切り位置」の設定を行ないます。

　データの前選択は、「Ctrl + Shift + ↓（キーボード右下 Pg Dn ボタン）」

で A 列のみ選択です。

データタブの「区切り位置」から、下のように設定します。

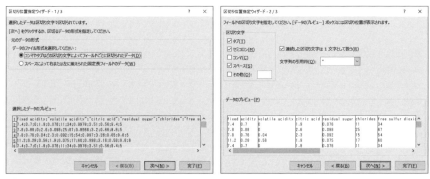

図 6-7　Excel で「データの区切り位置」を設定
（次へボタンで完了ボタンが出てきたらクリック）

	A	B	C	D	E	F	G	H	I	J	K	L	M
1	fixed	acidity	volatile ac	citric acid	residual s	chlorides	free sulfur	total sulfu	density	pH	sulphates	alcohol	quality
2	7.4	0.7	0	1.9	0.076	11	34	0.9978	3.51	0.56	9.4	5	
3	7.8	0.88	0	2.6	0.098	25	67	0.9968	3.2	0.68	9.8	5	
4	7.8	0.76	0.04	2.3	0.092	15	54	0.997	3.26	0.65	9.8	5	
5	11.2	0.28	0.56	1.9	0.075	17	60	0.998	3.16	0.58	9.8	6	
6	7.4	0.7	0	1.9	0.076	11	34	0.9978	3.51	0.56	9.4	5	

図 6-8　Excel で区切り位置の設定が終わったところ

[4] 次にデータを一度「csv 形式」で保存しておいて、データを分割してまた別名で保存します。

この分割は、あくまでも実験用に「学習データ（1500 行分）」と「テストデータ（100 行分）」の 2 つに分けて実験を行なうために分割を今回は行ないます。

赤ワインのデータは「1600 行 × 12 列 = 19,200 個」のデータです。

	A	B	C	D	E	F	G	H	I	J	K	L	M
1	fixed acidity	volatile acidity	citric acid	residual sugar	chlorides	free sulfur dioxide	total sulfur dioxide	density	pH	sulphates	alcohol	quality	
2	7.4	0.7	0	1.9	0.076	11	34	0.9978	3.51	0.56	9.4	5	
3	7.8	0.88	0	2.6	0.098	25	67	0.9968	3.2	0.68	9.8	5	
4	7.8	0.76	0.04	2.3	0.092	15	54	0.997	3.26	0.65	9.8	5	
5	11.2	0.28	0.56	1.9	0.075	17	60	0.998	3.16	0.58	9.8	6	
1596	6.2	0.6	0.08	2	0.09	32	44	0.9949	3.45	0.58	10.5	5	
1597	5.9	0.55	0.1	2.2	0.062	39	51	0.9951	3.52	0.76	11.2	6	
1598	6.3	0.51	0.13	2.3	0.076	29	40	0.9957	3.42	0.75	11	6	
1599	5.9	0.645	0.12	2	0.075	32	44	0.9955	3.57	0.71	10.2	5	
1600	6	0.31	0.47	3.6	0.067	18	42	0.9955	3.39	0.66	11	6	
1601													

図 6-9　Excel でのデータ

[5] このデータを、1500行分を「学習データ」として、残りの1501行から1600行目までの100行分を「テストデータ」として、別々に「csv形式」で保存します。

<hr>

■ データの変数（属性）の意味

解析に先立って、データの「変数」の意味を記載しておきます。

表6-5　ワインデータ（赤）の変数の意味

Attribute	変数（属性）
1 - fixed acidity	1 - 固定酸度
2 - volatile acidity	2 - 揮発性酸度
3 - citric acid	3 - クエン酸
4 - residual sugar	4 - 残糖
5 - chlorides	5 - 塩化物
6 - free sulfur dioxide	6 - 二酸化硫黄
7 - total sulfur dioxide	7 - 総二酸化硫黄
8 - density	8 - 密度
9 - pH	9 - pH
10 - sulphates	10 - 硫酸塩
11 - alcohol	11 - アルコール
Output variable (based on sensory data)	出力変数（感覚データに基づく）
12 - quality (score between 0 and 10)	12 - 品質（スコア0と10の間）

*

　表の変数は、ワインを買うにはかなり専門的ですが、近年は「地産地消」をもとに地域起こしでいろんな方々が「地元ワイン」の製造・販売を手掛けているので参考になればと考えました。

6.2.2 「学習データ」を先に、「テストデータ」を後に読み込む

それでは実際に解析を行ないます。

---

[1] 最初に、「学習データ」を読み込み、一度計算をさせます。

今回は「Deep Learning（深層学習）」までを行なうので、手始めに「functions.MultilayerPerceptron（MLP）」を使います。

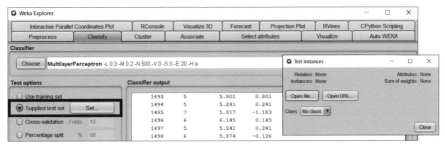

図6-10　functions の「MultilayerPerceptron」で最初に計算を行なう

[2] 次に、**図6-10** の Test options の「Supplied test set」の「Set」ボタンを押すと、右の画面が出るので、「Open file」から「テストデータ」を選択し、最後は「Close」ボタンです。

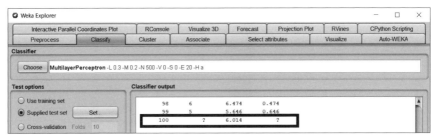

図6-11　テストデータを読み込み計算を行ったところ

[3] この「Multilayer Perceptron（MLP）」をもとに、中間層を増やしながら Deep Learning でいくつかのシミュレーションを行ってみましょう。

深層化で重要なパラメータは「L：学習率」と「M：モーメント」、それに中間層（隠れ層）の数です。

表6-6 ワインデータ（赤）の学習データをもとにテストデータを入れて
いくつかの手法と比較

		実際値	予測値	誤差
functions	MLP	6	6.014	−0.014
	MLP(2層)	6	6.125	−0.125
	MLP(3層)	6	6.146	−0.146
	MLP(3層L0.35, M0.25)	6	6.128	−0.128
	MLP(3層L0.33, M0.26)	6	6.119	−0.119
	MLP(3層L0.32, M0.28)	6	6.118	−0.118
	MLP(2層L0.32, M0.29)	6	6.079	−0.079
	MLP(2層L0.33, M029)	6	6.071	−0.071
	MLP(2層L0.34, M030)	6	6.064	−0.064
	MLP(2層L0.35, M031)	6	6.059	−0.059
	MLP(2層L0.36, M032)	6	6.059	−0.059
	MLP(4層L0.36, M032)	6	5.435	0.565

　今回の実験では、MLPの「中間層単層」、それに「中間層2層」で学習率が「0.35 or 0.36」とモーメント「0.31 or 0.32」で、高い精度が確認できました。

<table>
<tr><td>

6.3

</td><td>

「アンケート・データ」の解析
（高速パラメトリック密度クラスター法：GGV）

</td></tr>
</table>

　「アンケート・データ」は、非常に多くのイベントなどで多用されているイベント評価のための手法です。

　しかし、アンケートによっては、1つの地域に複数の地区が存在していて、「地区ごとの傾向」を探りたいというような場合、従来の多変量解析法の「クラスター分析」や、機械学習の「決定木」からは、思うようにその関係を探査することはなかなかできません。

＊

　ここでは、「購買」に関するアンケートを用いて、標本（個体）間とアンケート設問の関りを視覚的に把握できる方法を紹介します。

6.3.1　　高速パラメトリック密度クラスター法

　先に、具体的に用いる機械学習に組み込まれている手法の**「高速パラメトリック密度クラスター法：GGV」**について概説しておきます。

＊

　「高速パラメトリック密度クラスター」（GGV：GraphGram Visualizer）は、米国 Burlingame で 2013 年の第 22 回情報・知識管理国際会議（CIKM：Conference of Information Knowledge Mnagement）のショートペーパーセッション 18-KM トラックで、10 月 29 日のメインカンファレンスプログラムとして発表された研究報告で紹介された手法です（**参考資料 01**）。

＊

　この手法は、さまざまなパラメーターのアルゴリズムの複数のクラスタリング結果を視覚化し、クラスター間の関係を示すことができる点で、従来の「多変量解析法」の「クラスター分析法」をより進化させた手法と言えます。

　「ビッグデータ解析」よりは、むしろ「スモールデータ」に適した手法です。

　たとえば、ある地区ごとの「アンケート・データ分析」などで、見えにくい関係性を解き明かすには適した手法と言えます。

■ サンプル用のアンケート・データ

使うデータは、下のようにスーパーマーケットやコンビニなどの小売りなどの市場調査で行なわれるアンケート設問を使います。

また、データは「数値」「文字」の混在でも解けます。

Q 1　おもに近くのお店で買うものは、次のうちどれですか

1．弁当　2．サラダ　3．デザート類　4．飲み物

Q 2　そのお店で、1回いくらくらい使いますか

1．500円程度　2．1000円前後　3．2000円前後

Q 3　1週間に、何回程度利用しますか

1．ほぼ毎日　2．週にかなり多い　3．週に数回　4．ほとんどない

図6-12　市場調査ではお馴染みのサンプルアンケート・データ

前図**6-12**のアンケート回答を入れたデータが図**6-13**です。

Viewer

Relation: enquete01

No.	1: q1 Numeric	2: q2 Numeric	3: q3 Numeric
1	2.0	1.0	4.0
2	4.0	3.0	4.0
3	1.0	2.0	1.0
4	1.0	2.0	2.0
5	3.0	2.0	3.0
6	2.0	1.0	4.0
7	4.0	3.0	4.0
8	1.0	2.0	1.0
9	4.0	3.0	4.0
10	3.0	2.0	2.0
11	2.0	1.0	4.0
12	3.0	2.0	3.0
13	2.0	1.0	4.0
14	4.0	3.0	4.0
15	4.0	3.0	4.0
16	3.0	2.0	2.0
17	4.0	3.0	4.0
18	2.0	1.0	4.0
19	3.0	2.0	3.0
20	1.0	2.0	1.0
21	2.0	3.0	4.0
22	1.0	3.0	4.0
23	2.0	3.0	3.0
24	2.0	3.0	4.0
25	4.0	3.0	1.0

Add instance　Undo　OK　Cancel

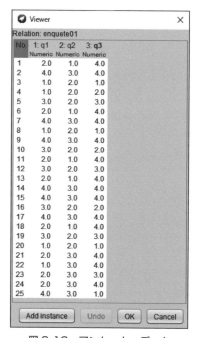

図6-13　アンケート・データ

■「Weka」を使ったアンケート・データの解析

解析には、「Weka」を使いました（「Weka」の使い方は**参考文献 02**）。

図 6-14　Weka-Cluster-GraphGramVisualizer

手法は、「Cluster タブ」の「Choose ボタン」をクリックすると、「Grapf GramVisualizer」（以下「GGV」）があるので、それを選択し、「Start ボタン」をクリックします。

すると、**図 6-14** の計算結果とともに、次の項の**図 6-15** が出てきます。

6.3.2 「GGV」による「アンケート・データ」の解析

縦軸が「パラメーター密度」（Density / Paramater）で、横軸が「クラスター数」（Cluster Index）です。
枠線部分でパラメーター数を変えることができます。

　この密度に着眼した点が、「高速パラメトリック密度クラスター法」の名称の由縁と言えます。

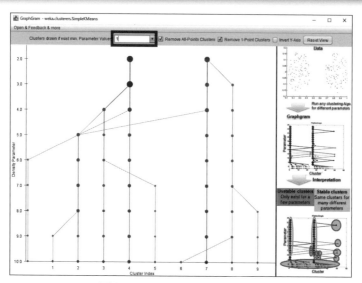

図6-15　GraphGramVisualizer

　図**6-15**の右側部分は、使い方の例を示したものです。

　この例では、いちばん上が2つの群データが「GGV」を使うことで、「**Unstable clusters**」（**不安定クラスター**）と「**Stable clusters**」（**安定クラスター**）に分けられ、各標本（個体）との関係が、どのように結びついているのかを示した事例として掲載されているものです。

＊

　少々、分かりにくいですが、クラスター分析を行なうと、各標本がどのようなクラスターになるのを探るのが、従来の「クラスター分析」です。

　しかしながら、その「分岐されたクラスターの標本」と「他のクラスターとの標本」の関係はどの程度であるのかは分かりにくいのが弱点でもあります。

　その弱点を補うという点に「GGV」の優れた特徴があります。

＊

　「GGV」では、**図6-16**のように節点部分を「右クリック」すると、「Show Point IDs」という表示が出て、その節点に関係する「標本」（個体）を表示させることができます。

　また節点の「円」の大きさは、その中に含まれる標本の数に比例してい

ます。

標本数が少なければ節点の「円は小さく」、多ければ節点の「円は大きく」
なります。

これは、アンケート分析を実際に実務として解析したい場合では、複数の
地区が集まって1つの地域を構成しているときなどに、地区による「傾向
探査」や、あるいは商品などの購買動向の「要因探査」に使うことができて
とても便利です。

＊

対象を多くのアンケート回答者でいきなり分類するのではなく、「アンケート回答者」「複数の地区」「解析対象の地域の真ん中」を探るという視点は、
論文にも使える大変優れた手法と言えます。

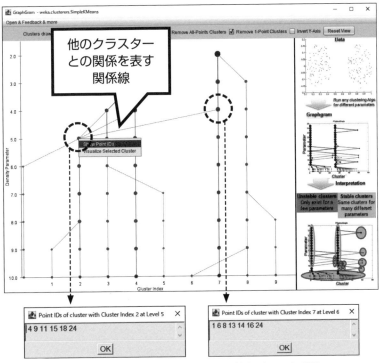

図6-16　GraphGramVisualizer の節点（node）部分
（下側のボックス数値はアンケート回答者番号）

参考文献

第1章

01：中島直樹，医療におけるビッグ・データの活用（ビッグデータとは何か？），脳外誌，24巻10号，2015年10月．

02：豊田秀樹，共分散構造分析 入門編（構造方程式モデリング），朝倉書店，1998.10.1.

03：豊田秀樹，共分散構造分析 理論編（構造方程式モデリング），朝倉書店，2007.10.15.

04：奥野忠一 他；多変量解析法，日科技連，P373，1999.1.26（改訂版第12刷）

05：宮川雅巳：統計的因果推論，朝倉書店，2004.4.1.

06：P.Bak, C.Tang, and K.Wiesenfeld：Self-Organized Criticality. An explanation of 1/f noise. Phys.Rev. lett.59.381-384.1987.7.

07：P.Bak, C.Tang, and K.Wiesenfeld：Self-organized criticality. Phys. Rev. A38. 364-374. 1988.7.

08：杉原敏夫：適応的モデルによる経済時系列分析，工学図書，1996.8.

09：K.R.Gabriel：The biplot graphic display of matrices with application to principal component analysis, Biometrika, 58,3,p453-467, 1971.6

10：和田尚之，奥谷 巌：時間依存の影響量を考慮しない商空間の特性定量化手法の研究（地域分析における自己組織化臨界状態に関する応用研究その1），日本建築学会計画系論文集，第557号，pp.225-231，2002.7.

11：和田尚之，奥谷 巌：時間依存の影響量を考慮した商空間の特性定量化手法の研究（地域分析における自己組織化臨界状態に関する応用研究その2），日本建築学会計画系論文集，第563号，pp.187-193，2003.1.

12：和田尚之，奥谷 巌：歴史的建築群と樹木群の自己組織化臨界状態解析
日本計算工学会,Transactions of JSCES,PaperNo.20010047,2001.12.21.

13：和田尚之，奥谷 巌：α波・β波を用いた都市景観の自己組織化臨界状態解析，
日本計算工学会,Transactions of JSCES,Paper No.20020020,2002.7.26.

14：和田尚之：松本市における土地利用の自己組織化臨界状態解析（地域分析における自己組織化臨界状態に関する応用研究その3），日本建築学会計画系論文集，第642号，pp.1787-1793，2009.8.

15：和田尚之：長野県の主な観光地利用者数の自己組織化臨界状態解析（地域分析における自己組織化臨界状態に関する応用研究その4），日本建築学会計画系論文集，第649号，pp.651-657，2010.3.

16：和田尚之：長野市の中山間道をモデルにした道路安全性の自己組織化臨界状態解析（地域分析における自己組織化臨界状態に関する応用研究その5），日本建築学会計画系論文集，第654号，2010.8.

17：和田尚之，長野県商業統計から見た市町村の自己組織化臨界状態解析
（応用研究その6），建築学会計画系論文集，第76巻，第662号,2011.4.

第2章

01：鈴木義一郎，現代統計学小辞典，講談社，1998.3.20.

02：石村貞夫＋デズモンド・アレン，すぐわかる統計用語，東京図書，2000.6.30.（第7刷）

03：刀根 薫，ゲーム感覚意思決定法（AHP入門），日科技連，1986.3.1

04：ヴェーバー・フェヒナー則，Wikipedia.

第3章

01：エドワード・ホール，日高敏隆・佐藤信行 訳，隠れた次元，みすず書房，1970.10.30.

02：石村貞夫・石村園子，フラクタル数学，東京図書，1997.9.30.（第9刷）

03：横尾善之 他3名，国土数値情報に基づくタンクモデル定数の推定，水文・水資源学会誌，

第 12 巻 第 6 号 pp481-491，1999.

04：日本学術会議答申，地球環境・人間生活にかかわる農業および森林の多面的な機能の評価について，平成 13 年 11 月．

05：都市デザイン研究体著，日本の都市空間，彰国社，昭和 50 年 1 月 20 日．

06：C.A. ドクシャディス（長島孝一・大野秀敏訳），古代ギリシャのサイトプランニング，鹿島出版会，昭和 53 年 2 月 28 日．

07：チャールズ・ムーア，ジェラルド・アレン（石井和紘，安藤正雄訳），ディメンション（空間・形・スケールについての考察），新建築社，昭和 53 年 3 月 1 日．

第 4 章

4-1

01：総務省消防庁，緊急度判定プロトコル Ver.2，総務省消防庁平成 27・28 年度 消防防災科学技術研究推進制度、「緊急度判定体系の市民への普及・利用促進ツールの開発」研究班．

4-2

01：小川秀夫・酒井大輔，画像処理によるキュウリの葉の病気診断，Bulletin of Aichi Univ.

　　of Education，58（Natural Sciences），pp.13-19，March，2009.

02：和田尚之，機械学習コレクション Weka 入門，工学社，2019.8.30.

03：和田尚之，「機械学習」と「AI」のはなし，工学社，2020.8.23.

04：渋谷道雄・渡邊八一，小川智哉監修，Excel で学ぶフーリエ変換，オーム社，H19.2.20.

4-3

01：和田尚之，機械学習コレクション Weka 入門，工学社，2019.8.30.

第 5 章

5-2

01：楠見 孝，不確実事象の認知と決定における個人差，心理学評論，Vol.37，No.3，337-356，1994.

02：和田尚之，機械学習コレクション Weka 入門，工学社，2019.8.30.

5-3

01：半田剣一，松原 仁，不均質な領域を対象とした概念形成システム CAFE 人工知能学会誌 Vol.7，

No.6，981-991，Nov.1992.

第 6 章

6-3

01：Michail Vlachos, Johannes Schneider,Fast Parameterless Density-Based Clustering via Random Projections. IBM Research.CIKM-2013.

02：和田尚之，機械学習コレクション Weka 入門，工学社，2019.8.30.

索　引

[著者略歴]

和田 尚之 (わだ・ひろし)

宮城県気仙沼生まれ、東京日本橋人形町で過ごす。
日本大学在学中渡米、UCBerkeley 教授 Garrett Eckbo 氏の事務所で環境論の研究。
また渡米中 UCLA 教授 Lawrence Halprin 氏、Harvard 大学教授 Robert L.Zion 氏
と関わり帰国後も影響を受ける。
大学卒業後、日本大学数理工学科登坂宣好教授の研究室で、環境分野での境界要素
法 (積分方程式法) の研究。

1998 年に長野県に活動拠点を移す。
2003 年、信州大学大学院工学系研究科博士後期課程修了 (奥谷 巌教授研究室:
地域計画・交通論)。地元の大学で非常勤講師として 10 年教鞭を取る。
その後、慶應義塾大学の武藤佳恭名誉教授・武蔵野大学データサイエンス学部教授
のもとで自然エネルギーを使った温度差発電 (薪ストーブ発電による LED イルミネー
ション) などで観光・地域のにぎわい化や機械学習の教育啓蒙活動などを行なっている。
専門は地域学 (自己組織化臨界状態理論)、数理学 (データサイエンス・機械学習)。

現在 技建開発(株)教育センター長。工学博士、技術士、1 級建築士、専門社会調査士。

[主な著書]

「機械学習コレクション Weka 入門」工学社、2019 年
「機械学習」と「AI」のはなし 工学社、2020 年

本書の内容に関するご質問は、

①返信用の切手を同封した手紙
②往復はがき
③ FAX(03)5269-6031
 (返信先の FAX 番号を明記してください)
④ E-mail editors@kohgakusha.co.jp

のいずれかで、工学社編集部あてにお願いします。
なお、電話によるお問い合わせはご遠慮ください。

I/O BOOKS

実務のための「機械学習」と「AI」

2021 年 5 月 30 日 初版発行 © 2021

著 者 和田 尚之
発行人 星 正明
発行所 株式会社 **工学社**
 〒160-0004 東京都新宿区四谷4-28-20 2F
電話 (03)5269-2041(代) [営業]
 (03)5269-6041(代) [編集]
振替口座 00150-6-22510

※定価はカバーに表示してあります。

[印刷] (株)エーヴィスシステムズ

ISBN978-4-7775-2151-7